Emmanuel Boampong

Analiza wpływu stopy procentowej na ceny akcji

Emmanuel Boampong

Analiza wpływu stopy procentowej na ceny akcji

Wydawnictwo Bezkresy Wiedzy

Imprint
Any brand names and product names mentioned in this book are subject to trademark, brand or patent protection and are trademarks or registered trademarks of their respective holders. The use of brand names, product names, common names, trade names, product descriptions etc. even without a particular marking in this work is in no way to be construed to mean that such names may be regarded as unrestricted in respect of trademark and brand protection legislation and could thus be used by anyone.

Cover image: www.ingimage.com

Publisher:
Wydawnictwo Bezkresy Wiedzy
is a trademark of
International Book Market Service Ltd., member of OmniScriptum Publishing Group
17 Meldrum Street, Beau Bassin 71504, Mauritius

Printed at: see last page
ISBN: 978-620-0-54660-9

Drogi czytelniku,

książka, którą posiadasz, została pierwotnie wydana pod tytułem "Analysis of the Effect of Interest Rate on Stock Prices", ISBN 978-620-2-07912-9

Jego publikacja w języku polskim jest możliwa dzięki zastosowaniu najbardziej zaawansowanej sztucznej inteligencji dla języków.

Technologia ta, uhonorowana pierwszą w historii Honorową Nagrodą Sztucznej Inteligencji w Berlinie we wrześniu 2019 r., naśladuje sposób działania ludzkiego mózgu, dzięki czemu jest w stanie uchwycić i przetłumaczyć nawet najmniejsze niuanse w bezprecedensowy sposób.

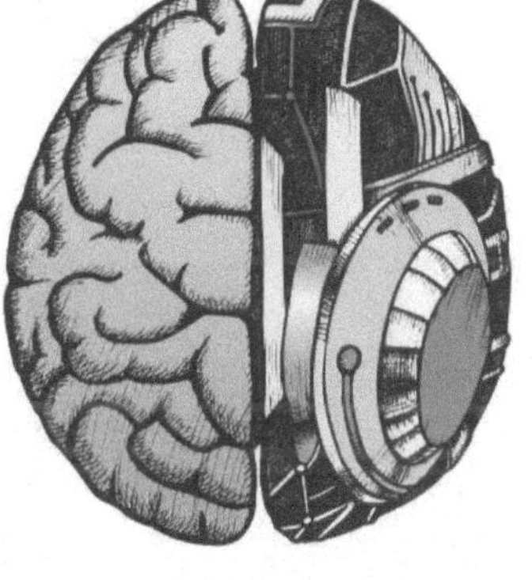

Mamy nadzieję, że znajdą Państwo wiele satysfakcji z tej książki i uprzejmie prosimy o uwzględnienie wszelkich rozbieżności językowych, które mogłyby wyniknąć z tego procesu.

Miłego czytania!

Wydawnictwo Bezkresy Wiedzy

Temat: Analiza wpływu stopy procentowej na ceny akcji.
Studium przypadku Giełdy Papierów Wartościowych w Ghanie.

Dr Emmanuel Teitey, doktorat.

eminet1972@hotmail.com/teitey2000@yahoo.com

Tel.0548704485/0277430485

Streszczenie

Jednym z istotnych aspektów giełdy w Ghanie jest pomoc inwestorom lub akcjonariuszom w osiąganiu imponujących wyników finansowych. Na przykład, pięcioletnie wyniki w latach 2009-2013 wykazały stały wzrost zysków i zwrotów z inwestycji banków notowanych na giełdzie w Ghanie. Stabilny wzrost był możliwy dzięki negatywnej zależności pomiędzy stopami procentowymi a cenami akcji w okresie (2009-2013). Badania te wykorzystywały metodologię ilościową i zostały przeprowadzone z wykorzystaniem analiz regresji do oceny zależności między stopami procentowymi a cenami akcji na giełdzie w Ghanie. Zwykła regresja najmniej kwadratowa została oszacowana na podstawie ceny akcji jako zmiennej zależnej oraz stopy procentowej jako zmiennej niezależnej. Zmienne zostały przekształcone w ich naturalne formy logarytmiczne. Uzyskany wynik był: LNS = 8,6835 - 1,4756LNI + e, co oznacza, że istnieje ujemna zależność pomiędzy stopami procentowymi a cenami akcji. Jednostkowy lub procentowy wzrost stóp procentowych doprowadziłby do spadku cen zapasów o około 1,48 %, natomiast jednostkowy lub procentowy spadek stóp procentowych doprowadziłby do aprecjacji cen zapasów o 1,48 %. Zależność tę można wytłumaczyć tym, że gdy stopy procentowe rosną, ludzie wolą inwestować na rynku skarbowym i innych rynkach o stałym dochodzie, co powoduje odejście środków z rynku giełdowego; a spadek popytu na akcje spowoduje spadek cen akcji. Odwrotnie jest w przypadku spadku stóp procentowych.

Słowa kluczowe: ceny akcji, stopa procentowa, rynek *akcji,* wahania, regresja

Spis treści

Streszczenie **2**

Spis treści **3**

Lista skrótów **5**

Dedykacja **6**

Rozdział 1 - Przegląd **7**

Problem badawczy 9

Cel badań 11

Znaczenie badań 13

Projektowanie badawcze **15**

Założenia i ograniczenia **18**

Definicje operacyjne: **20**

Podsumowanie **21**

Rozdział 2 - Przegląd literatury **22**

Orientacja teoretyczna 22

Przegląd literatury 24

Aktualne ustalenia 35

Podsumowanie 43

Rozdział 3 - Metodologia badań **43**

Cel badania **44**

Projektowanie badawcze **45**

Strategia dotycząca ludności i pobierania próbek 46

Badania Data **47**

Zatwierdzenie **47**

Procedury gromadzenia danych **48**

Dane Aanaliza **48**

Podsumowanie **49**

Rozdział 4 - Analiza i prezentacja wyników **50**

Ustalenia i wyniki **50**

Jednostkowe testy korzeniowe **68**

Regresja najmniejszych kwadratów (Least Squares) **69**

Test autokorelacji **70**

Podsumowanie wyników **70**

Rozdział 5 - Wnioski i zalecenia **73**

Podsumowanie wyników **73**

Omówienie wyników 76

Wnioski i zalecenia praktyczne **77**

Zalecenia dotyczące dalszych badań **78**

Referencje **79**

Dodatki **90**

Dodatek B **94**

Badania naukowe - Oświadczenie o poufności **94**

Lista skrótów

CPI Indeks cen towarów i usług konsumpcyjnych

DF Dickey-Fuller (jednostkowy test korzeniowy)

Unia Europejska

PKB Produkt krajowy brutto

LNS Węzeł limfatyczny Pobieranie próbek

OLS Zwykły Najmniejszy Plac

Pakiet statystyczny SPSS w zakresie nauk społecznych

ZEA Zjednoczone Emiraty Arabskie

UK Zjednoczone Królestwo

Plan Rozwoju Narodów Zjednoczonych UNDP

Stany Zjednoczone Ameryki Północnej

Dedykacja

Chciałbym poświęcić tę pracę badawczą mojej drogiej żonie, pani Noami Teitey i dzieciom.

Niech cię Bóg błogosławi.

Rozdział 1 - Przegląd

Większość badań (Ahma, Ihsan i Sahia, 2007; Fifield, Power i Sinclair, 2002; Kuwornu, 2012) sugeruje, że otoczenie makroekonomiczne ma istotny wpływ na stopy zwrotu z rynku akcji. Utrzymanie stabilności makroekonomicznej było jednym z głównych wyzwań dla krajów rozwijających się. Zależność między rynkowymi stopami zwrotu a stopami procentowymi została zbadana przez naukowców, ponieważ odgrywa ona ważną rolę w rozwoju gospodarczym kraju (Fifield i in., 2002). Stopy procentowe są określane przez politykę monetarną danego kraju zgodnie z jego sytuacją gospodarczą. Zmiany stóp procentowych wpływają na wartość akcji i udziałów spółki, a tym samym na rentowność akcji. Stopy procentowe są jedną z ważnych zmiennych makroekonomicznych, które są bezpośrednio związane ze wzrostem gospodarczym. Ogólnie rzecz biorąc, stopa procentowa jest uważana za koszt kapitału, co oznacza cenę zapłaconą za korzystanie z pieniędzy przez pewien okres czasu. Z punktu widzenia kredytobiorcy, stopą procentową jest koszt zaciągnięcia pożyczki pieniężnej lub "stopa procentowa kredytu" (Bintou, 2011, s. 23).

Zależność między stopami procentowymi a stopami zwrotu z giełdy jest ujemnie skorelowana (Camra, 2011). Wyższe stopy procentowe, wynikające z kurczenia się polityki pieniężnej, zazwyczaj negatywnie wpływają na stopy zwrotu z rynku akcji, ponieważ wyższe stopy procentowe obniżają wartość kapitału własnego i sprawiają, że papiery wartościowe o stałym dochodzie są bardziej atrakcyjne jako alternatywa dla posiadania akcji. Zmniejszy to skłonność inwestorów do pożyczania i inwestowania w akcje oraz podniesie koszty prowadzenia działalności, a tym samym wpłynie na marżę zysku. Przeciwnie, niższe stopy procentowe wynikają z ekspansywnej polityki monetarnej, która pobudza rynek akcji (Camara, 2011).

Rynki giełdowe stanowią najważniejszy mechanizm masowego tworzenia kapitału nastawionego na rozwój gospodarczy (Fama, 1981). Czynniki takie jak stopa kapitalizacji rynku kapitałowego, kurs akcji rządowych, kurs walutowy, podaż pieniądza oraz stopa procentowa pobierana od instrumentów finansowych mają pewien wpływ m.in. na rozwój i wzrost gospodarki. Przeprowadzono szereg badań dotyczących wpływu niektórych zmiennych makroekonomicznych na stopy zwrotu z rynku akcji (Bintou, 2011; Fama, 1981; Kuwornu, 2012).

Anokye i Tweneboah (2008) stwierdzili, że "relacja między cenami akcji a stopami procentowymi jest ujemna i statystycznie istotna na giełdzie w Ghanie" (s. 13). W badaniach tych wykorzystano pojedynczą zmienną ekonomiczną (stopa procentowa pożyczek), która nie została odpowiednio zbadana w Ghanie, natomiast Anokye i Tweneboah (2008) zastosowały poczwórną zmienną ekonomiczną (inflacja, ceny ropy rubinowej, kurs walutowy i stopa procentowa; a każda zmienna była analizowana indywidualnie). Ponadto, badania te są odpowiednie ze względu na zmiany instytucjonalne, rozwojowe i technologiczne zachodzące w czasie, więc wszelkie badania odzwierciedlające aktualne problemy są właściwe. Wszystkie te badania wykorzystywały stopy procentowe z bonów skarbowych jako miernik stóp procentowych, co może nie być prawdziwym odzwierciedleniem kosztów inwestycji. Osoby prawne udzielają pożyczek po stawce oprocentowania, która jest kosztem zadłużenia, a inwestorzy czasami pożyczają również po stawce oprocentowania, aby zainwestować na giełdzie. W związku z tym stosowanie stopy procentowej z tytułu bonów skarbowych jako miary stopy procentowej może nie odzwierciedlać rzeczywistego kosztu alternatywnego kapitału i dlatego jako miary stopy procentowej powinna być stosowana stopa procentowa pożyczek. W badaniu tym zbadano wpływ stóp procentowych na stopy procentowe bonów skarbowych i obligacji (średnie stopy procentowe) na ghańskiej giełdzie papierów wartościowych w okresie pięciu lat, 2009-2013 (Anokye & Tweneboah, 2008).

Głównym celem tego badania ilościowego było zbadanie wspólnego związku między stopą procentową a cenami akcji na giełdzie w Ghanie w wyżej wymienionym okresie. Badanie miało na celu wypełnienie luki w literaturze, która do tej pory koncentrowała się głównie na stopie bonów skarbowych jako mierniku stopy procentowej (Bintou, 2011, s. 23). Znaczenie tego badania ma pomóc inwestorom i zarządzającym portfelami inwestycyjnymi w określeniu, czy stopa procentowa bonów skarbowych i/lub stopa procentowa mają wpływ na ceny rynkowe.

Stopy procentowe mają bardziej bezpośredni wpływ na rynek finansowy. Dlatego też wzrost stóp procentowych wpływa na decyzje inwestycyjne przy dokonywaniu zmian w strukturze inwestycji, generalnie z rynku kapitałowego na papiery wartościowe o stałym dochodzie. Zmienność stóp procentowych bezpośrednio generuje siłę napędową rynku pieniężnego z rynku kapitałowego. Zapasy są wrażliwe na stopy procentowe, ponieważ zmiany stóp procentowych są odwrotnie powiązane z zapasami (Alam & Uddin, 2009).

Teoretycznie stosunek między kursem walutowym a zapasami można postulować albo jako dodatni - deprecjacja waluty zwiększa konkurencyjność lokalnych przedsiębiorstw, prowadząc do wzrostu wywozu, w wyniku czego ceny zapasów rosną, albo ujemny - jeżeli produkcja jest uzależniona od przywożonych nakładów, koszt produkcji wzrośnie w wyniku deprecjacji waluty, ponieważ deprecjacja waluty wpływa również na koszt nakładów, niwecząc w pewnym stopniu ten efekt z powodu zwiększonych kosztów produkcji (Alam & Uddin, 2009).

W przeszłości i w najnowszej literaturze empirycznej analizowano kilka wskaźników makroekonomicznych, które mają wpływ na rynki akcji. Większość poprzednich badań koncentrowała się wyłącznie na rynku akcji jako całości, ignorując wpływ tych zmiennych na różne sektory gospodarki (Ahmed, Rehman i Raoof, 2010). Choć jest to istotne, inwestorzy muszą zrozumieć, że różne sektory gospodarki w różny sposób reagują na zmiany zmiennych makroekonomicznych.

Problem badawczy

Problemem badanym w tym opracowaniu były wahania stóp procentowych w Ghanie i ich wpływ na ceny akcji na giełdzie w Ghanie. Stanowi to problem badawczy, ponieważ stopy procentowe są regulowane przez działalność rządu i banku centralnego. Rząd służy jako pożyczkobiorca środków od ogółu społeczeństwa poprzez emisję instrumentów krótkoterminowych (bonów skarbowych). Gdy wystawiane są bony skarbowe, stopy procentowe rosną i na odwrót. Badanie to miało zatem na celu odkrycie reakcji cen akcji na giełdzie w Ghanie na wzrost stóp procentowych, zmuszając tym samym rząd do uporządkowania nadwyżki środków w systemie poprzez odkupienie instrumentów krótkoterminowych za pośrednictwem Banku Centralnego. Problemem jest efekt wahań stóp procentowych. Badanie to było właściwe, ponieważ istniało wiele sprzecznych wyników poprzednich badań. Niektórzy teoretyzowali, że istnieje związek negatywny (Chen, Roll, & Ross, 1986; Fifield et al., 2002); niektórzy teoretyzowali związek pozytywny (Beenstock & Chan, 1988); podczas gdy inna grupa badaczy nie zaobserwowała żadnego związku (Stavarek, 2004). Ponadto od dawna nie prowadzono tych badań, dlatego też nowe badania są odpowiednie dla odzwierciedlenia aktualnych zagadnień (Beenstock & Chan, 1988; Chen et al., 1986; Fifield et al., 2002).

Badanie to stanowi wkład w istniejący korpus naukowy wiedzy i literatury pochodnej, ponieważ przynosi nowe dowody z analizy stóp procentowych i ich wpływu na ceny akcji na giełdzie w Ghanie. Na przykład w 2006 r. kapitał zagraniczny stanowił 75,3% kapitału własnego odnotowanego w Ghanie w porównaniu z 29,9% w 2001 r., jak wynika z raportu kwartalnego Ghana Investment Promotion Centre (GIPC, 2007, grudzień).

Ryzyko związane ze stopami procentowymi i kursami walutowymi to dwa ważne czynniki ekonomiczne, które mają wpływ na akcje zwykłe (Hyde, 2007). Stopy procentowe mają bardziej bezpośredni wpływ na rynek finansowy. W związku z tym wzrost stóp procentowych wpływa na zmianę struktury inwestycji przez inwestorów, zwykle z rynku kapitałowego na papiery wartościowe o stałym dochodzie (Hyde, 2007). Zmienność stóp procentowych bezpośrednio generuje impuls dla rynku pieniężnego z rynku kapitałowego (Alam & Uddin, 2009). Zapasy są wrażliwe na stopy procentowe, ponieważ zmiany stóp procentowych są odwrotnie powiązane z zapasami (Alam &Uddin, 2009). Mandat rządu jest dwojaki: wspieranie wzrostu gospodarczego i utrzymanie inflacji pod kontrolą. Głównym powodem, dla którego rząd lub bank centralny kontroluje inflację, jest ustabilizowanie gospodarki. Inflacja jest jednym z czynników powodujących wahania stóp procentowych (Alam & Uddin, 2009). Pozostaje więc pytanie, jak podwyższenie i obniżenie stóp procentowych wpływa na ceny akcji. Po cyklu wzrostu stóp procentowych jest jednak odwrotnie.

Działania rządu mają również wpływ na wysokość stóp procentowych, ponieważ rząd jest największym pożyczkobiorcą w kraju. Rząd ma pierwsze pretensje do środków dostępnych na rynku ze względu na swoją siłę pożyczkową i efekt wypierania. Rząd ma również najwyższy rating kredytowy, dlatego też jego długi są preferowaną inwestycją. W 2003 r. Plan Rozwoju Narodów Zjednoczonych (UNDP), mający na celu pomoc Afryce Subsaharyjskiej i innym krajom rozwijającym się, uzyskał rating kredytowy państwa, przyniósł pierwsze wyniki i przyznał Ghanie "B+" (Reuss, 2003). Fitch, międzynarodowa agencja ratingowa, w dniu 16 października 2013 r. obniżyła rating kredytowy Ghany ze statusu "B+" do "B".

Siły międzynarodowe odgrywają ważną rolę we wpływaniu na stopy procentowe w Ghanie i innych krajach. Inwestorzy zagraniczni są skłonni pożyczać pieniądze rządowi Ghany, w celu uzupełnienia krajowych źródeł funduszy na rynku, co prowadzi do obniżenia stóp procentowych. Gdyby inwestorzy zagraniczni zdecydowali się zmniejszyć lub sprzedać swoje udziały w kraju i ponownie zainwestować gdzie indziej, więcej środków musiałoby pochodzić ze źródeł krajowych, co spowodowałoby wzrost stóp procentowych i spadek cen akcji (Kuwornu, 2012).

Cel badań

Celem tego badania było zbadanie, czy zmiana stóp procentowych, mierzona stopą płaconą przez pożyczkobiorców, wpływa na ceny akcji na giełdzie w Ghanie. Chociaż może się to wydawać powtarzalne, ramy czasowe dla tych badań oraz zmiany instytucjonalne, rozwojowe i technologiczne w czasie pozostały w tym przypadku ograniczone do bieżących kwestii, co zapewniło, że badania będą bardziej odpowiednie. Ponadto Ghana, jako wspólnota, nie otrzymała odpowiednich badań w tej dziedzinie. Większość ghańskich inwestorów inwestuje na giełdzie w celu maksymalizacji swoich zysków, nie biorąc pod uwagę wpływu zmiennych makroekonomicznych, takich jak inflacja i stopy procentowe na ceny akcji spółek notowanych na giełdzie.

Badanie to stanowi wkład w istniejący akademicki korpus wiedzy i literatury pochodnej z nowymi dowodami z analizy stóp procentowych i ich wpływu na ceny akcji na giełdzie w Ghanie. Na przykład w 2006 r. kapitał zagraniczny stanowił 75,3 % kapitału własnego zarejestrowanego w Ghanie w porównaniu z 29,9 % w 2001 r. (GIPC, 2007, grudzień). W miarę jak gospodarki afrykańskie starają się rozwijać swoje sektory prywatne, rozwój rynków akcji służy jako ważny katalizator zrównoważonego rozwoju i wzrostu.

Badanie to miało na celu wsparcie rozwoju i wzrostu wschodzących rynków akcji w krajach rozwijających się, takich jak Ghana, która przyciągnęła uwagę świata jako rynki przyszłości o dużym potencjale dla inwestorów. Ten rodzaj badania mógłby zatem zostać rozszerzony na rynek akcji w Ghanie. Badanie to mogłoby być również istotne dla inwestorów prywatnych, funduszy emerytalnych i rządów, ponieważ wielu inwestorów długoterminowych opiera swoje inwestycje w akcje na założeniu, że przepływy pieniężne przedsiębiorstw powinny rosnąć wraz z rozwojem gospodarki. Istnieją również pewne zmienne makroekonomiczne, które nie zostały odpowiednio zbadane. Obejmują one stopę procentową w stosunku do kursu wymiany, kurs wymiany w stosunku do deprecjacji waluty oraz stopę procentową w stosunku do inflacji i ich związek z cenami akcji. Niniejsze opracowanie stanowi zatem punkt wyjścia dla bardziej szczegółowych badań w przyszłości. Intencją tego badania było zbadanie wpływu stóp procentowych na ceny akcji przy użyciu testu Dickey-Fuller'a (DF) Unit Root Test, autokorelacji, regresji wielokrotnych i wieloliniowości, aby sprawdzić, czy zmienne objaśniające są skorelowane, co zapewnia ważność modeli regresji wielokrotnej w przewidywaniu cen akcji.

Dowody na istnienie związku między stopami procentowymi a zwrotem z inwestycji w akcje zostały przedstawione przez Beenstock i Chan (1988); Chen i inni (1986); oraz Fifield i inni (2002). Reżim wysokich stóp procentowych prowadzi do wysokich kosztów zaciągania kredytów, a tym samym do ograniczenia działalności gospodarczej. Sytuacja ta ma również wpływ na zysk korporacyjny, przyszłe przepływy pieniężne z działalności gospodarczej oraz dywidendy, dlatego też oczekuje się, że stopy procentowe będą miały negatywny wpływ na zyski rynkowe poprzez wpływ czynników inflacyjnych lub dyskontowych. Na przykład w 2006 r., według GIPC (2007 r., grudzień), kapitał zagraniczny stanowił 75,3% kapitału własnego zarejestrowanego w Ghanie w porównaniu z 29,9% w 2001 r.. Służy to odróżnieniu obecnej giełdy od lat wcześniejszych, kiedy to mogły być prowadzone pierwotne badania.

Znaczenie badań

Stopy procentowe jako jedna zmienna makroekonomiczna są obszarem, który nie został odpowiednio zbadany w Ghanie. Ponadto niektóre zmienne makroekonomiczne nie zostały odpowiednio zbadane, które obejmują stopę procentową w stosunku do kursu wymiany, kurs wymiany w stosunku do deprecjacji waluty oraz stopę procentową w stosunku do inflacji i ich związek z cenami akcji. Niniejsze opracowanie stanowi zatem punkt wyjścia dla bardziej szczegółowych badań w przyszłości. Wyniki i wnioski z tych badań przyczynią się również znacząco do debaty na temat stóp procentowych i ich związku z cenami akcji. Co ważniejsze, dla inwestorów na giełdzie w Ghanie malejąca giełda lub cena akcji nie jest pożądanym wynikiem.

Wszyscy inwestorzy chcą zobaczyć wzrost wartości swoich pieniędzy inwestycyjnych (Kuwornu, 2012). Badania te uzupełnią literaturę dotyczącą instrumentów pochodnych, zapewniając platformę do oceny i analizy relacji między stopą procentową a cenami akcji. Wyniki i wnioski z tych badań posłużą za punkt odniesienia w literaturze dotyczącej instrumentów pochodnych, ponieważ zarówno stopy procentowe, jak i ceny akcji są finansowymi kontraktami terminowymi. Innym unikalnym aspektem badań jest analiza wpływu stóp procentowych na ceny akcji na giełdzie w Ghanie ze stopami procentowymi jako jedną zmienną ekonomiczną (stopa procentowa kredytu), która jest w umowie z Anokye & Tweneboah (2008), który użył czterokrotnej zmiennej. Ponadto badania te są wyjątkowe ze względu na zmiany instytucjonalne i rozwojowe.

Ponadto, innym znaczeniem tego badania jest jego zdolność do zagwarantowania, że płynność rynku giełdowego zmniejszy ryzyko pogorszenia się sytuacji i koszty inwestycji w projekty, które nie zwracają się po długim czasie. Kiedy bank centralny podnosi stopy procentowe, nowo oferowane rządowe papiery wartościowe, takie jak bony skarbowe i obligacje, są często postrzegane jako najbezpieczniejsze formy inwestycji i zazwyczaj doświadczają odpowiedniego wzrostu stóp procentowych, podczas gdy ceny akcji spadają (Dagadu, 2010). Empiryczne ustalenia przedstawione przez Dagadu (2010), dotyczące badania krótkoterminowych zmiennych makroekonomicznych, takich jak stopy procentowe i ich związek z cenami akcji, ujawniły, że kiedy Bank Centralny Ghany podnosi stopy procentowe, wyniki pokazują ujemną zależność.

Badanie to miało na celu znalezienie związku między tymi kluczowymi czynnikami makroekonomicznymi a ruchem akcji na giełdzie w Ghanie. Innym ważnym aspektem tego badania było znalezienie wpływu tej relacji, tak aby inwestorzy mogli szybko reagować na wszelkie zmiany i zmieniać swoje decyzje lub poruszać się w wyżej wymienionych czynnikach w celu zwiększenia swoich zysków z inwestycji. Badanie "przeprowadzone przez Bintou (2011) na temat hipotezy efektywnego rynku wykazało, że giełda w Ghanie jest słabą formą rynku" (s. 23). W niniejszym opracowaniu badawczym zastosowano zwykłą analizę regresji najmniej kwadratowej opartą na ocenie wpływu zmian stóp procentowych oraz pozytywnego lub negatywnego wpływu na ceny akcji. Równanie jest następujące:

Gdzie R = jest związkiem: $R = \alpha + \beta_1 IR + \beta_2 SP + \epsilon_t$

IR = Stopa procentowa (5-letnie bony skarbowe)

SP = Ceny akcji (5-letnie ceny akcji)

ϵt = Termin błędu

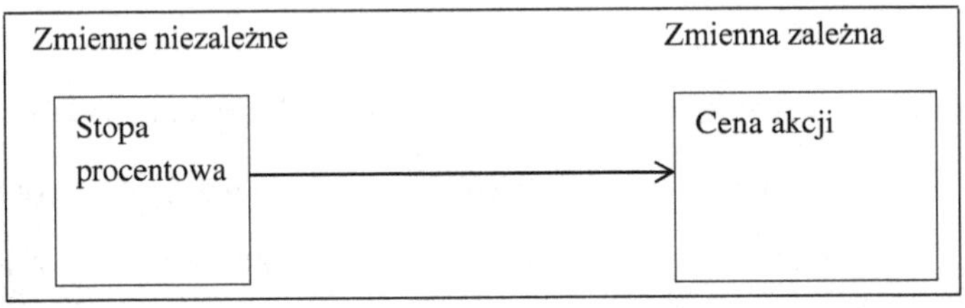

Rysunek 1. Zmienne niezależne i zależne.

Wreszcie, badania te dostarczają analizę stopy procentowej i jej związek z cenami akcji na giełdzie w Ghanie. Innymi użytkownikami tych badań są spółki notowane na giełdzie w Ghanie, potencjalni inwestorzy, inwestorzy, ogół społeczeństwa w zakresie podejmowania decyzji inwestycyjnych oraz rząd w zakresie stabilności gospodarczej.

Projektowanie badawcze

Dwa pytania badawcze kierujące tą analizą były następujące:

R1: Czy zmiany stóp procentowych miały związek z cenami akcji na giełdzie w Ghanie.

R2: Czy istnieje związek między stopą procentową a cenami akcji na giełdzie w Ghanie ?

Jest to badanie ilościowe wykorzystujące podejście pozytywistyczne i badanie analityczne. Technikę pobierania próbek poddano stratyfikacji i zastosowano metodę celowego pobierania próbek. Zależność pomiędzy stopami procentowymi a cenami akcji analizowano najpierw przy użyciu zwykłych regresji najmniejszego kwadratu (OLS) oraz analizując zmienne objaśniające z każdą zmienną odpowiedzi jako ceny akcji.

Po drugie, wykonano test pierwiastków jednostkowych, analizując wszystkie zmienne objaśniające i ich odpowiedzi, które miały zastosowanie w badaniu, ponieważ zmienne te mają charakter szeregów czasowych. Test na zakorzenienie jednostki DF został przeprowadzony w celu ustalenia, czy te szeregi czasowe są stacjonarne czy niestacjonarne, gdzie trzy formy regresji są generowane przez test na zakorzenienie jednostki DF; ΔY1 = δYt-1 + ut (brak), ΔYt = α + δYt-1 + u1 (ze stałą) oraz ΔY1 = α + βT + δYt-1 + u1 (ze stałą i tendencją). Te testowe hipotezy regresji były traktowane oddzielnie w odniesieniu do istnienia lub nieistnienia pierwiastka jednostkowego; Ho:δ = 0 (pierwiastek jednostkowy istnieje) oraz H1:δ≠ 0 (pierwiastek jednostkowy nie istnieje).

Po trzecie, autokorelacja była jednym z najważniejszych założeń przyjętych w analizie regresji. Jeżeli kolejne resztki są skorelowane, to istnieje warunek autokorelacji dla danych szeregów czasowych. Statystykę Durbin-Watsona (d) zastosowano w celu sprawdzenia, czy wystąpił problem autokorelacji dla zestawu danych z próby, gdzie d = ∑nt = 2 (et - et-1)2 / ∑nt = 1 (et)2 i et = (yt - ŷt). Jednak pakiet statystyczny dla nauk społecznych (SPSS) bezpośrednio dostarczył statystyki Durbin-Watsona. W oparciu o wartość d wyjaśniono charakter autokorelacji. Jeżeli wartość d jest równa 2, to nie ma autokorelacji pomiędzy resztami i jeżeli wartość d jest bliska zeru, to wskazuje na dodatnią autokorelację. Podobnie, gdy wartość przekracza 2, oznacza to ujemną autokorelację.

Po czwarte, miał zostać przeprowadzony test na wieloliniowość w celu zbadania, czy zmienne objaśniające są skorelowane, co zapewnia ważność modeli regresji wielokrotnej w przewidywaniu cen akcji. W badaniu zastosowano zasadę kciuka (od -0,70 do 0,70) dotyczącą korelacji pomiędzy dwoma niezależnymi zmiennymi. Ponadto jako precyzyjną miarę wieloliniowości użyto współczynnika inflacji wariancyjnej (VIF: 1/1-R2), który został bezpośrednio podany przez wyjście SPSS. Jeżeli VIF jest wyższa niż dziesięć, odpowiednia zmienna objaśniająca jest wyłączona z modelu regresji (Patterson, 2000).

Na koniec przeprowadzono test przyczynowości w celu ustalenia, czy zmiany krótkoterminowych i długoterminowych stóp procentowych (średnich stóp procentowych) spowodowały zmiany cen zapasów. W celu spełnienia tych dwóch warunków, hipotezy zostały przetestowane oddzielnie w oparciu o nieograniczone i ograniczone regresje.

Warunek 01: Ho: Odsetki odnoszą się do cen akcji: regresja nieograniczona (i): y = ∑mi = 1 αi yt-I + ∑mi = 1 βi xt-I + t

Warunek 02: H1: Ceny akcji nie odnoszą się do stopy procentowej; regresja nieograniczona: x = ∑mi = 1 ai xt-i+ ∑mi = 1 βi yt-I + t oraz regresja ograniczona: x = ∑mi = 1 ai xt-I + t. Ponadto, OLS wyciągnie wnioski dla obu przypadków w testach następujących hipotez i F Distribution jest stosowany do testowania hipotezy zerowej; Ho:β_1=β_2=0, H_1:Nie oba β`s są = 0 (Patterson, 2000).

Zastosowano analizę trendów w oparciu o okres od roku 2009 do 2013. Okres ten został wybrany, ponieważ wahania stóp procentowych w ciągu ostatnich dziesięcioleci nie mogą być zrozumiałe, ponieważ obecna stopa procentowa weksli skarbowych wynosi 27%, podczas gdy stopa polityki Banku Ghany wynosi 21% i 22%. Istnieje całkowita niespójność pomiędzy tymi stopami, ponieważ stopa bonów skarbowych nie musi być wyższa niż stopa podstawowa (Boamah, 2015). Badania te zostały również ograniczone do aktualnych zagadnień ze względu na zmiany instytucjonalne, rozwojowe i technologiczne, które zaszły z biegiem czasu, tak aby pokazać pełne odzwierciedlenie pracy badawczej.

Według Aurangzeb (2012), zmiany w cenach akcji są bezpośrednio związane z niektórymi podstawowymi zasadami, takimi jak wyniki firmy, zmiany w kluczowych zmiennych makroekonomicznych i działania rządu. Inwestorzy naprawdę muszą znać odpowiedni moment, aby podjąć właściwe działania, gdy te podstawy stworzą coś innego (Aurangzeb, 2012). Burshop, Chambers and Cheffins (2011) przeprowadziły badania w USA, Wielkiej Brytanii i Japonii na temat operacji giełdowych, zależności między zmiennymi makroekonomicznymi i wahaniami cen akcji. Wyniki tych badań pokazują, że przy niewielkim zróżnicowaniu, zmienne makroekonomiczne mają znaczący wpływ na ceny akcji. Wyniki pomagają inwestorom lepiej przewidywać zmiany cen akcji, gdy te podstawy zmieniają swoją pozycję (Burshop et al., 2011).

Badania te koncentrowały się głównie na wtórnych rodzajach danych. Dane wtórne zostały wykorzystane, ponieważ w badaniach ilościowych dane wtórne, takie jak szeregi czasowe, dają dokładny pomiar, natomiast w przypadku danych pierwotnych, wywiadów i kwestionariuszy nie dają dokładnego pomiaru. Wszystkie wtórne dane dotyczące stóp procentowych zostały zebrane z oficjalnej strony internetowej Banku Ghany i oficjalnej bazy danych Banku Światowego (Bank Światowy, 2009, wrzesień). Dane o cenach akcji zebrano również z raportu rynkowego giełdy papierów wartościowych w Ghanie oraz z przeglądu literatury dotyczącej cen akcji ze strony internetowej Giełdy Papierów Wartościowych w Ghanie (GSE, 2013, grudzień). Dane zbierane były głównie z Giełdy Papierów Wartościowych w Ghanie oraz Banku Ghany (Bank of Ghana, 2009, grudzień). Do zaproszenia respondentów do udziału w badaniu wykorzystano list przewodni z oświadczeniem dotyczącym akademickiego charakteru badań i poufności (zob. załącznik B). W liście przewodnim zapewniono respondentów o poufności prac w tej dziedzinie, w tym o wszelkich informacjach i ochronie uczestników tych badań. Ochrona badań naukowych (Ghana Copyright Act 690 (2005) i badacz będą chronić prawa respondentów i wszelkie informacje, które przekazali na potrzeby tych badań.

Założenia i ograniczenia

W niniejszym badaniu nie można było przeprowadzić testu na wieloliniowość zgodnie z metodologią, ponieważ zmienna objaśniająca w tym badaniu jest tylko jedna; dlatego nie można ocenić korelacji. Sprawdzenie wieloliniowości pomaga w ocenie, czy zmienne objaśniające są skorelowane, co pozwala na zapewnienie wiarygodności modeli regresji w prognozowaniu cen akcji. Ponieważ w tym przypadku niezależna zmienna była tylko jedną, nie można było przeprowadzić testu na wieloliniowość.

Kolejnym reprezentowanym ograniczeniem był brak doskonałego pomiaru lub analizy wpływu zmian stóp procentowych na ceny akcji na giełdzie w Ghanie. Jest to możliwe ograniczenie w tym sensie, że wszystkie dane przyjęte do tego badania były w większości wtórne, ponieważ dane z poprzedniego roku nie były dostępne, co bardzo utrudniało tworzenie benchmarków. Mogło to mieć negatywny wpływ na badania.

Trzecie ograniczenie dotyczyło bardziej precyzyjnej statystycznej analizy korelacji między stopami procentowymi i cenami akcji na giełdzie w Ghanie a rynkami walutowymi, takimi jak rynek nowojorski i brytyjski. Jednakże badanie to dostarczyło analizy wyników ghańskiej giełdy papierów wartościowych, dla której wykryto istotne statystycznie negatywne skutki stóp procentowych. Czwarte i główne ograniczenie polegało na skonstruowaniu i zastosowaniu odpowiedniego przypisania wyników w zakresie stóp procentowych, ponieważ dokładne pozycje dotyczące stóp procentowych i związane z nimi wagi dla któregokolwiek z badań nie były publicznie dostępne.

Wreszcie, nie można było uzyskać informacji o inwestorach i stylach inwestowania potencjalnego inwestora (na przykład o wartości i wzroście), a tym samym można było uzyskać różne wyniki, pomimo takich samych preferencji dotyczących wyników zmiennych makroekonomicznych i ich związku z ryzykiem. Wzrost wiąże się również z wpływem na odsetki i inflację, co jest uważane za złą wiadomość dla inwestorów, ponieważ wzrost przedstawia złe warunki gospodarcze w kraju i inwestorzy czują się niepewnie co do swoich inwestycji na giełdzie (Lobo, 2000). Inwestorzy oczekują, że w przyszłości ścisła polityka pieniężna będzie kontrolować inflację, która z kolei będzie kontrolować podaż pieniądza (Lobo, 2000). W przypadku spadku inflacji, wzrost przedstawia dobrą koniunkturę gospodarczą i przyciąga inwestorów do inwestowania na giełdzie (Lobo, 2000).

Definicje operacyjne:

Poszczególne terminy użyte w badaniu są następujące:

Stopy procentowe - krzywa ta odnosi się do stopy zwrotu z papieru wartościowego do terminu zapadalności i opiera się na stopach zwrotu z ofert przetargowych na rynku zamkniętym w zakresie działalności, skarbowych papierów wartościowych będących przedmiotem obrotu oraz innych rynków o stałym dochodzie (Bintou, 2011).

Ceny akcji - Jest to koszt zakupu papieru wartościowego na giełdzie. Na ceny akcji może wpływać wiele czynników, w tym zmienność rynku, obecna sytuacja gospodarcza i popularność firmy (Aliyu, 2010).

Inflacja - Odnosi się do tempa, w jakim ogólny poziom cen towarów i usług rośnie, a następnie spada siła nabywcza (Aliyu, 2010).

Zmienne makroekonomiczne - Jest to zagregowany obraz całego środowiska gospodarczego, takiego jak gospodarka danego kraju. Główne rodzaje to produkt krajowy brutto (PKB), inflacja, stopa procentowa oraz bezrobocie i regulacje rządowe (Aliyu, 2010).

Model regresji liniowej - Model ten jest wykorzystywany do identyfikacji zależności pomiędzy pojedynczą zmienną prognostyczną xj a zmienną odpowiedzi y(Patterson, 2000).

Modele regresji wielokrotnej - Modele te są technikami statystycznymi, które przewidują wartości jednej zmiennej na podstawie dwóch lub więcej innych zmiennych (Patterson, 2000).

DF Unit Root Test - Ten test jest testem statystycznym dla propozycji; to znaczy dla autoregresywnego modelu statystycznego szeregu czasowego, parametrem autoregresywnym jest jeden (Patterson, 2000),

Autokorelacja - Matematyczne przedstawienie stopnia podobieństwa pomiędzy danym szeregiem czasowym a opóźnioną wersją samego siebie w kolejnych przedziałach czasowych, jest takie samo jak obliczanie korelacji pomiędzy dwoma różnymi szeregami czasowymi, z tym że ten sam szereg czasowy jest używany dwa razy jeden w swojej pierwotnej formie i na opóźnionym jednym lub więcej przedziałach czasowych (Patterson, 2000).

Wielokoliczność - W statystyce występowanie kilku niezależnych zmiennych w modelu regresji wielokrotnej jest ściśle skorelowane ze sobą. Wielokoliczność może dawać dobre wyniki przy próbie zbadania, jak dobrze poszczególne niezależne zmienne przyczyniają się do zrozumienia zmiennej zależnej. Ogólnie rzecz biorąc, wieloliniowość może powodować szerokie przedziały ufności i dziwne wartości P dla niezależnych zmiennych (Patterson, 2000).

Spowodowanie, nazywane również Spowodowaniem - związek pomiędzy zdarzeniem (przyczyną) a drugim zdarzeniem (skutkiem), gdzie drugie jest rozumiane jako fizyczna konsekwencja pierwszego (Patterson, 2000).

Podsumowanie

Rozdział 1 zawierał wprowadzenie do badania, opis problemu i celu badania oraz określał pytania i hipotezy badawcze. W rozdziale tym zwrócono również uwagę na znaczenie badań, projektowania badań oraz założeń i ograniczeń, w tym definicji operacyjnych. Rozdział 1 dalsze stosowane oceny relacji między stopami procentowymi a cenami akcji na giełdzie w Ghanie. W następnym rozdziale przyjrzymy się przeglądowi literatury, który jest teoretycznym aspektem orientacji studiów.

Rozdział 2 - Przegląd literatury

W rozdziale 2 przedstawiono teoretyczną orientację badania, przegląd literatury, podsumowanie wyników z różnych wcześniejszych badań oraz wyniki bieżące,

Orientacja teoretyczna

W wielu badaniach badano wpływ pewnych zmiennych makroekonomicznych na wyniki rynku akcji (Anokye & Tweneboah, 2008; Aydemir & Demirehan, 2009; Yartey and Adjasi, 2007). Wiele osób było zainteresowanych zmiennymi, które mogą mieć wpływ na giełdę ze względu na znaczenie samej giełdy, ponieważ ocenia ona kondycję gospodarczą tego konkretnego kraju. Jest to szczególnie ważne dla wschodzącej giełdy, ponieważ wpływa na sposób, w jaki kraj ten realizuje swoje strategie w celu przyspieszenia wzrostu gospodarczego (Anokye & Tweneboah, 2008; Aydemir & Demirehan, 2009; Yartey and Adjasi, 2007).

Stopy procentowe są jedną z najważniejszych zmiennych makroekonomicznych, które mogą być wykorzystane do wyjaśnienia wzrostu gospodarczego i efektywności rynków akcji (Harlina, Intan, Nasruddin, & Emi, 2011). Stopy procentowe są często znane jako koszt kapitału; cena zapłacona za wykorzystanie pieniędzy za dany okres (Harlina i in., 2011). Mówi się, że relacja między stopami procentowymi a rentownością akcji jest ujemna. Poziomy stóp procentowych, jak również ich zmienność, mają wpływ na rozkład stopy zwrotu sektora finansowego w oparciu o dowody empiryczne (Harlina i in., 2011). Harlina i in. (2011) stwierdzili również, że istnieją inni badacze, którzy sugerują, że nie ma związku między stopą zwrotu z zapasów a stopą procentową w perspektywie długoterminowej. W niektórych badaniach stwierdzono, że relacja ta była pozytywna, podczas gdy inne nie zgadzały się (Anokye & Tweneboah, 2008; Aydemir & Demirehan, 2009; Yartey & Adjasi, 2007).

Według Zenith Bank Ghana Ltd. (2015a), Bank Ghany w styczniu 2015 r. wydał kalendarz rządowy Ghany dla papierów wartościowych na rok 2015 od 1 stycznia do 30 czerwca, przedstawiający kwotę i rodzaje papierów wartościowych, które rząd zamierzał pożyczyć od społeczeństwa. Rząd zamierzał w tym okresie pożyczyć kwotę 25.420,00 mln GH¢. Bank Centralny przewidział emisję co najmniej 880,00 mln GH¢ tygodniowo bonów skarbowych w celu zaspokojenia potrzeb płynnościowych rządu, co obejmuje wykup/rozwinięcie zapadających papierów wartościowych na tydzień ze stopą procentową 19% oraz międzybankową 23,70%, według stanu na grudzień 2014 roku. Przy stopach inflacji w grudniu 2014 r. na poziomie 17% w tym samym roku i nienasyconym zapotrzebowaniu rządu na środki publiczne w 2015 r. (99,81% wzrost ilości papierów wartościowych, które mają zostać wyemitowane w 2015 r.), można stwierdzić, że stopy procentowe krótkoterminowych papierów wartościowych (91-dniowych bonów skarbowych - 2-letnie bony skarbowe) wzrosłyby. Oczekuje się, że stopy procentowe na 91-dniowym wekslu skarbowym pod koniec czerwca wzrosną, osiągając średnio 28%. Przekłada się to zatem na wyższe stopy procentowe, które mają być oferowane klientom banków ubiegających się o kredyt; stąd niskie ceny akcji i udziałów na giełdzie w Ghanie (Zenith Bank Ghana, Ltd., 2015a).

Stopy procentowe mają silny związek ze zmiennością akcji, jak widać po tym, jak zmienia się ona w sektorze i złożonych zwrotów i zmienności, jak na Giełdzie Papierów Wartościowych w Stambule, gdzie te zmienne są uważane za możliwy wskaźnik zastępczy dla stopy dziennych przyjazdów informacji. Zwroty indeksowe maleją w odpowiedzi na zmiany stóp procentowych; jedyny zwrot w sektorze usług reaguje negatywnie i znacząco na zmiany kursów walutowych. Stopy procentowe i kursy walutowe mają znaczący wpływ na indeksy w ISE. W szczególności, zmienność rynku jest bardziej wrażliwa na zmiany stóp procentowych (Harlina i in., 2011).

Ponadto negatywną relację między rynkiem giełdowym a stopami procentowymi można wyjaśnić na japońskiej giełdzie papierów wartościowych. Kurihara i Nezu (2006) stwierdziły, że niewielka zależność między cenami akcji a stopą procentową wynika z faktu, że Japonia zastosowała bezprecedensowe złagodzenie polityki pieniężnej w celu zmniejszenia odsetek. Dlatego też stopy procentowe zmniejszą wpływ na cenę akcji. Z drugiej strony, Ologunde, Elumilade i Saolu (2006) stwierdziły, że "istnieje pozytywny wpływ na rynek akcji. ". Teorię tę można udowodnić poprzez kapitalizację giełdową. Gdy stopa procentowa jest wysoka, kapitalizacja giełdowa będzie rosnąć. W ten sposób wzrost gospodarczy i rozwój są opóźnione. Rząd kontroluje stopy procentowe, aby pomóc w rozwoju rynku giełdowego. Anokye i Tweneboah (2008) zgodzili się również, że istnieje negatywna zależność między rzeczywistą długoterminową stopą procentową a ruchem na giełdzie w Ghanie poprzez zastosowanie modelu korekty błędów wektorowych. Wynika to z faktu, że pod koniec lat 90-tych XX wieku istniała wysoka stopa oprocentowania bonów skarbowych, a inwestorzy inwestowali w bony skarbowe, ponieważ było to bardziej opłacalne niż rynek akcji. Spowolniło to wyniki ghańskiej giełdy papierów wartościowych.

Stopa procentowa, kurs walutowy i inflacja mają pewien wpływ na wyniki rynku giełdowego. Blanchard (1981) opisał relację produkcji globalnej, rynku akcji i stóp procentowych. Blanchard twierdzi, że "wyższy pieniądz giełdowy obniża stopę procentową, co oznacza niższy koszt kapitału, a to z kolei powoduje lepszą wartość giełdową" (s. 133). Blanchard zauważył, że zmiana polityki spowodowałaby zmianę na rynku akcji ze względu na realną stopę procentową i oczekiwane zyski. Ogłoszenie polityki prowadzi do zmian w zyskach i stopach dyskontowych, co z kolei wpływa na wyniki rynku giełdowego. Blanchard następnie stwierdził, że elastyczna polityka wpływa na nominalny pieniądz, który prowadzi do zmian na rynku akcji (Blanchard, 1981). Jest to możliwe i odnosi się do bieżącej emisji, ponieważ wszelkie korzystne informacje na rynku, rynek reaguje na to pozytywnie.

Przegląd literatury

Przeprowadzono szereg badań w celu określenia zależności między zmiennymi makroekonomicznymi a cenami akcji, ale kilka badań koncentrowało się na relacjach między sektorami (Kaul, 1987; Wong, Khan, & Du, 2005; Zafar, Urooj, & Durrani, 2008).W jednym z badań Wong i in. (2005) badano wpływ kursu wymiany, stóp procentowych i ich zmienności na ceny akcji przemysłu bankowego w Pakistanie. Zintegrowane wyniki wskazują na istnienie znaczącej negatywnej długoterminowej zależności między kursem walutowym i krótkoterminową stopą procentową a cenami akcji (Wong i in., 2005). Istnieją jednak pozytywne i znaczące zależności między zmiennością kursu walutowego i stopy procentowej a cenami akcji. Analiza przyczynowości potwierdza dwukierunkową przyczynowość między giełdą a cenami akcji. Podczas gdy jednokierunkowa przyczynowość testowana między krótkoterminową stopą procentową a cenami akcji, analiza wrażliwości potwierdza, że wyniki są solidne. Wyniki te sugerują, że inwestorzy powinni inwestować na rynku papierów wartościowych o stałym dochodzie w sytuacji dużej zmienności kursów walutowych i stóp procentowych. Taka sytuacja zdarza się zwykle w przypadku spekulantów rynkowych, którzy są gotowi zrobić wszystko, gdy pojawiają się wahania cen. Wyniki potwierdzają również pogląd, że kurs walutowy i stopa procentowa mogą być wykorzystywane jako wskaźniki przy podejmowaniu decyzji inwestycyjnych na rynku papierów wartościowych o stałym dochodzie (Wong i in., 2005).

Stopy procentowe będą miały wpływ na stabilną sytuację na giełdzie jako istotny czynnik w krajowej strategii ułatwiania przepływu inwestycji na giełdzie w celu przyspieszenia wzrostu gospodarczego. Zafar et al. (2008) zbadali wpływ zmienności stóp procentowych na zyski z rynku giełdowego i doszli do wniosku, że stopa procentowa ma istotny negatywny związek z rynkiem giełdowym. Wzrost stóp procentowych na ogół powoduje, że ludzie mają tendencję do utrzymywania swoich oszczędności w bankach, tak aby uzyskać wysokie oprocentowanie, zamiast inwestować na ryzykownej giełdzie. Poza tym, wyższe stopy procentowe obniżają również rentowność firm, a co za tym idzie, spadek cen akcji. Wraz ze spadkiem stóp procentowych inwestorzy zamieniają swoje pieniądze z banków i inwestują na giełdzie. W związku z tym wyniki giełdowe rosną w wyniku spadku stóp procentowych, a to z kolei zmniejsza prawdopodobieństwo wystąpienia trudności finansowych. Stopy procentowe mają zatem znaczący negatywny związek z wynikami giełdowymi (Zafar i in., 2008).

Kaul (1987) stwierdził, że istnieje odwrotna zależność między stopami zwrotu z zapasów, oczekiwaną inflacją i dodatnią zależnością między stopami zwrotu z zapasów a aktywnością rzeczywistą. Kaul przetestował hipotezę o negatywnej zależności, wybierając dane z lat 1926-1940. Kaul (1987) rozważał zmiany w systemie polityki pieniężnej. W większości przypadków okresy te charakteryzowały się wysoką inflacją i wysokimi stopami procentowymi, a zachowanie zmiennych ekonomicznych można było w tym okresie wyraźnie zaobserwować lub zidentyfikować. Kaul zauważył, że tę odwrotną zależność można wyjaśnić zrozumieniem procesu równowagi w sektorze monetarnym w zależności od popytu na pieniądz i wpływu podaży. Testy empiryczne wykazały wrażliwość zwrotów giełdowych banków z rynku na stopy procentowe i ryzyko kursowe, objęły zapasy 48 banków amerykańskich w latach 1975-1987, a ich wyniki pokazały, że kursy walutowe miały istotny negatywny stosunek do zwrotów giełdowych banków amerykańskich (Kaul, 1987).

Devereux, Lane i Xu (2006) analizowały alternatywną politykę pieniężną. Kryzys finansowy odegrał ważną rolę w usprawnieniu polityki pieniężnej rynków wschodzących i zbadali oni elastyczność kursu walutowego w celu jej wdrożenia. Model badania obejmował nominalne sztywność, ograniczenia w zakresie udzielania pożyczek na inwestycje oraz wahania kursu walutowego dla importowanych towarów. Deveraux et al., zakładając, że przy ustalaniu cen towarów importowanych wystąpi opóźnienie wahań kursów walutowych. Niewielkie wahania kursu walutowego zmniejszają nominalną stopę procentową z powodu wysokiego efektu kredytowania (Devereux i in., 2006). Devereux et al. (2006) stwierdzili również, że stabilne właściwości wywołujące inflację mogą być określane poprzez przenoszenie cen towarów importowanych.

Khrawish, Siam i Jaradat (2010) zbadali stopę kapitalizacji rynkowej i stopę procentową dla rynku Jardan, o nazwie Amman Stock Exchange. Obie zmienne są ważnymi czynnikami, które wpływają na gospodarkę danego kraju. Do badania wybrano zależność, próbę z lat 1990-2008, a do weryfikacji hipotezy zastosowano metodę regresji OLS. Wyniki badań wykazały istotną pozytywną zależność. Pierwsza hipoteza A, negatywna relacja pomiędzy stopą procentową, a rynkową stopą kapitalizacji, została odrzucona. Khrawish et al., stwierdzili również, że istnieje pozytywna zależność pomiędzy tempem rozwoju rynku a tempem kapitalizacji rynkowej, więc druga hipoteza B została odrzucona. Khrawish et al. ostatecznie stwierdził, że rząd odgrywa ważną rolę w interwencji na rynku finansowym miasta Jordan (Khrawish, et al.).

Aliyu (2010) badał zmienność zwrotów z akcji oraz wpływ inflacji. Zastosowali oni Model Ogólnej Heteroskedastyczności w celu zbadania związku pomiędzy rynkiem w Nigerii i Ghanie. Test na normalność statystyk opisowych danych wykazał, że średnie stopy zwrotu z akcji były dodatnie, ale bardziej zmienne dla rynków Nigerii i Ghany. Na podstawie wyników modelu stwierdzono, że wahania na rynku Nigerii są znaczne, ale nieistotne dla rynku Ghany. Na zmienność rynku miała wpływ inflacja w obu krajach. Spadek inflacji spowodował wzrost niestabilności rynku, ale dla rynku Ghany był on nieznaczny (Aliyu, 2010).

Mundell (1963) badał mechanizm inflacji i stóp procentowych. Stwierdził, że "przewidywana inflacja powoduje wzrost stóp procentowych". Stopa procentowa nieznacznie się zmienia z powodu niestabilnych kosztów utrzymania" (s. 281). Dzieje się tak, ponieważ stopy procentowe rosną, gdy ceny zaczynają rosnąć, ale nigdy nie są tak wysokie, jak powinny. W badaniu przyjęto, że rzeczywiste zyski mogą być kapitalizowane według rzeczywistej stopy procentowej. Inflacja powoduje różnicę między stopą procentową pieniądza a rzeczywistą stopą procentową, a różnica ta powoduje różnicę między zyskami nominalnymi a zyskami pieniężnymi (Mundell, 1963).

Rasheed (2002) zakończył badanie krajów południowoazjatyckich (tj. Pakistanu, Indii, Bangladeszu i Sri Lanki) w celu określenia wpływu kursów wymiany na zyski z akcji. W badaniu zbadano tę zależność w odniesieniu do wszystkich krajów, zarówno w zakresie długo-, jak i krótkoterminowych wahań kursów walutowych. W badaniu wykorzystano dane miesięczne za sześć lat. W badaniu nie stwierdzono związku zarówno długo-, jak i krótkoterminowego między zwrotami z zapasów a kursami wymiany w przypadku Indii i Pakistanu, co mogłoby być związane z okresem czasu wykorzystanych danych miesięcznych. Te same wyniki stwierdzono również w przypadku Bangladeszu i Sri Lanki. Ze względu na brak relacji pomiędzy stopami zwrotu a kursami wymiany nie ma potrzeby wykorzystywania informacji dotyczących korzystania ze stopy zwrotu z zapasów ze względu na wahania kursu wymiany z jednego rynku do przewidywania zachowań na drugim rynku. W badaniu sformułowano zalecenia dotyczące dalszych badań w tej konkretnej dziedzinie poprzez wykorzystanie cotygodniowych lub codziennych informacji w celu znalezienia bardziej konkretnych dowodów na zwroty akcji i wahania kursów walutowych (Rasheed, 2002).

Mohammad (1997) znalazł korelację między cenami akcji a innymi zmiennymi makroekonomicznymi (tj. kursem walutowym, rezerwą walutową, indeksem cen hurtowych, indeksem produkcji przemysłowej, szerokim pieniądzem i nakładem brutto na środki trwałe). Jego ustalenia wykazały, że kurs walutowy i szeroki pieniądz mają dodatnią korelację ze zwrotami z akcji. Tworzenie kapitału i wzrost produkcji są w niewielkim stopniu skorelowane ze zwrotem z zapasów. W związku z tym w wynikach stwierdza się, że osiąganie nienormalnych zysków nie leży w rękach inwestorów, lecz raczej zależy od wahań zmiennych makroekonomicznych. W związku z tym inwestorzy nie mogą osiągać nienormalnych zysków, otrzymując dostępne informacje z rynku (Mohammad, 1997).

Chow (1997) pracował nad zwrotem obligacji i zmianą kursu walutowego. Zilustrował, że istnieje korelacja pomiędzy stopą procentową i kursem wymiany na styku zwrotów z obligacji a kursem wymiany. Zauważył, że efekty zwrotu z obligacji powstają, gdy istnieje negatywny związek między zmianami stóp procentowych w kraju macierzystym a kursem wymiany. Gdy realny kurs walutowy zmienia się nieoczekiwanie w korelacji ze zmianami stóp procentowych, prowadzi to do ekspozycji obligacji na kurs walutowy. Ponieważ stopa procentowa i ceny obligacji są ze sobą negatywnie powiązane, negatywny związek pomiędzy zmianami stóp procentowych w kraju macierzystym i prowadzi do pozytywnego wpływu kursu walutowego i doświadczenia w zakresie stóp procentowych. W przypadku zapasów, pokrycie kursów walutowych ilustruje zarówno wpływ przepływów pieniężnych, jak i stopy procentowej (Chow, 1997).

Poon and Tong (2009) w badaniu dotyczącym zmienności gospodarczej i niestabilności zwrotów z akcji, mierzonej zmiennością gospodarczą poprzez wzrosty i spadki stopy inflacji, wzrost produkcji i zmiany stóp procentowych. Pokazały one, że zmiany stóp procentowych, inflacji i deflacji oraz wzrost produkcji mają niewielką zdolność do przewidywania zwrotu z zapasów lub niestabilności zwrotu z zapasów. Ilustrują one, że premia za ryzyko na rynku wzrasta niekorzystnie, gdy zmienność rynku jest wysoka. W końcu jednak pokazał dowody na ruch inflacji i wzrost produkcji na zmienność zwrotów zapasów i zauważył, że na Filipinach zwroty zapasów były skłonne do wysokiej inflacji (Poon & Tong,2009).

Choudhry (2000) znalazł pozytywną relację między zwrotem akcji a inflacją w dwóch krajach o wysokiej inflacji, takich jak Zimbabwe i Kongo. Maysami, Howe, & Hamzah (2004) również znalazły pozytywną relację między stopą inflacji a zwrotami z zapasów. Jest to sprzeczne z innymi badaniami, które sugerują negatywny związek. Powodem podawanym przez autorów jest aktywna rola rządu w zapobieganiu eskalacji cen po tym, jak gospodarka nadal rozwijała się po kryzysach finansowych z 1997 roku. Kuwornu (2012 r.) odnotował, że Mohammed, Wisam, Hassama i Bin Amin (2007 r.) badali wpływ zmiennych makroekonomicznych na ceny akcji w Malezji przy użyciu modelu korekcji błędów. Wyniki wskazują, że istnieje dodatnia zależność między stopą inflacji a ceną akcji. Engsted i Tanggaard (2002) znaleźli umiarkowanie pozytywną relację między oczekiwaną stopą zwrotu z zapasów a oczekiwaną inflacją dla USA oraz silną pozytywną relację dla Danii. Ponadto oczekuje się, że zmiany zarówno krótkoterminowych, jak i długoterminowych stóp procentowych wpłyną w tym samym kierunku na stopę dyskontową poprzez ich wpływ na nominalną stopę wolną od ryzyka (Mukherjee & Naka, 1995). W związku z tym oczekuje się, że stopy procentowe będą miały negatywny związek ze stopami rynkowymi poprzez efekt czynnika inflacyjnego lub dyskontowego (Abugri, 2008).

Jednakże dalsze stosowanie stóp procentowych będzie przypisywane brakowi aktywnych rynków wtórnych dla emisji obligacji i papierów rządowych na wielu rynkach wschodzących (Bilson, Brailsford, & Hooper, 2001). Teoretycznie, Francuzi i inni, (1987) stwierdzili ujemną zależność między stopami zwrotu z akcji a zarówno długoterminową, jak i krótkoterminową stopą procentową. Ponadto Bulmash i Trivoil (1991) stwierdziły, że aktualna cena akcji w USA jest dodatnio skorelowana z ceną akcji w poprzednim miesiącu, podażą pieniądza, niedawnym długiem federalnym, niedawnym zwolnionym z podatku długiem publicznym, długoterminowym bezrobociem, szeroką podażą pieniądza i stawkami federalnymi. Istniała jednak negatywna zależność między cenami akcji a stopą bonów skarbowych, opóźnionym długiem federalnym i niedawną bazą pieniężną. Abdullah i Hayworth (1983) stwierdzili, że zyski z akcji są pozytywnie powiązane ze wzrostem pieniądza i stopą inflacji, podczas gdy stopy procentowe reagują negatywnie na zyski z akcji.

Powiązanie między kursami wymiany a zyskami z kapitału własnego opiera się na prostej teorii finansowej. Kurs walutowy jako wskaźnik waluty ma zmienną pieniężną, która wpływa na ceny akcji w sposób podobny do zmiennych inflacyjnych (Abdullah & Hayworth, 1983). W przypadku deprecjacji waluty krajowej w stosunku do walut obcych, ceny produktów eksportowych spadną, a w konsekwencji wzrośnie wielkość eksportu kraju, przy założeniu, że popyt na ten produkt będzie elastyczny. Aprecjacja krajowej waluty obniża koszt importowanych towarów, który w większości przypadków stanowi dużą część nakładów produkcyjnych dla krajów rynków wschodzących (Abdullah & Hayworth, 1983).

Według Pebblesa i Wilsona (1996), aprecjacji waluty towarzyszy zazwyczaj wzrost rezerw, podaży pieniądza i spadek stóp procentowych. Oczekuje się, że wynikający z tego spadek kosztów kapitału i/lub przywożonych nakładów doprowadzi do wzrostu lokalnego zwrotu. Takie oczekiwanie jest również zgodne z wnioskiem Bilsona i in. (2001), że dewaluacja waluty krajowej ma negatywny związek ze stopą zwrotu. Mukherjee i Naka (1995) potwierdziły również, że kurs wymiany pozytywnie odnosi się do cen akcji Japonii i Indonezji, dwóch dużych krajów wywozu.

Solink (1987) wykorzystywał miesięczne i kwartalne dane dla ośmiu krajów uprzemysłowionych w latach 1973-1983 w celu zbadania relacji między realnymi zyskami z akcji a kursami walutowymi. Zgłasza negatywną relację pomiędzy tymi zmiennymi. Wykorzystując dane miesięczne, Aggarwal (1981) zbadał zależność między indeksami giełdowymi a ważoną wartością handlową dolara za okres 1974-1978 i stwierdził, że ceny akcji i kursy wymiany są dodatnio skorelowane. Natomiast Soenen i Hernigar (1988) korzystali z danych miesięcznych i zgłaszali silną ujemną zależność między amerykańskimi indeksami giełdowymi a wartością dolara ważoną piętnastoma walutami za okres 1980-1986. Bilson et al., (2001) sprawdzili, czy lokalne zmienne makroekonomiczne (pieniądz, ceny towarów i działalność rzeczywista) mają siłę wyjaśniającą zwrot z akcji 20 giełdowych rynków wschodzących w latach 1985-1997. Wynik wskazuje, że zmienna kursowa jest jedną z wpływowych zmiennych makroekonomicznych. (zob. tabela 1).

Gazi i Hisham (2010) zbadali zależność między zmiennymi makroekonomicznymi a zwrotami na giełdzie jordańskiej. Wykorzystując analizę współintegracji, stwierdzili oni, że podaż handlowa i ceny ropy naftowej stanowią ważne zmienne makroekonomiczne, które mają długoterminowy wpływ na jordańską giełdę papierów wartościowych. Istnieje negatywna zależność między ceną ropy naftowej a rentownością giełdy. Oczekuje się tego, ponieważ wzrost cen ropy naftowej spowoduje spadek realnej aktywności gospodarczej. Więc negatywny znak jest uzasadniony. Stopa procentowa ma zatem wpływ na rynek akcji (Gazi &Hisham, 2010).

Anokye i Tweneboah (2008) zbadały rolę zmiennych makroekonomicznych w ruchu zwrotu z inwestycji w Ghanie. Wykorzystali oni indeks giełdowy banku danych, aby reprezentować giełdę w Ghanie. Zmienne makroekonomiczne obejmują wewnętrzne bezpośrednie inwestycje zagraniczne, stopę procentową weksla skarbowego (jako miarę stopy procentowej), wskaźnik cen konsumpcyjnych (jako miarę inflacji) oraz kurs wymiany walut. Przeanalizowali oni zarówno długo- jak i krótkoterminowe relacje pomiędzy indeksem giełdowym a zmiennymi ekonomicznymi z danymi kwartalnymi dla powyższych zmiennych od 1991 do 2006 r., stosując wielozmienny test współ-integracyjny Johansena i techniki rachunkowości innowacji. Ustalili oni, że nie ma współdziałania między zidentyfikowanymi zmiennymi makroekonomicznymi a cenami akcji w Ghanie, co wskazuje na długoterminową zależność. Wyniki funkcji odpowiedzi impulsowej (IRF) i prognozowanej dekompozycji błędów (FEVD) wskazują, że stopa procentowa i bezpośrednie inwestycje zagraniczne (BIZ) są kluczowymi determinantami zmian cen akcji w Ghanie (Anokye & Tweneboah, 2008).

Choi, Elyasiani, & Kopecky (1992) oszacowali wieloindeksowy model pomiaru wrażliwości akcji banków komercyjnych na stopy procentowe i kurs walutowy. Modele dummy są wykorzystywane do oddzielenia wyników przypisywanych bankom centrów pieniężnych od innych banków. Znaczący efekt kursowy występuje w przypadku banków centrów pieniężnych po październiku 1979 r., natomiast wrażliwość na stopy procentowe jest silniejsza przed październikiem 1979 r., co może być związane z okresem czasu, badaniami rynku i wykorzystanymi danymi. . Efekt kursowy jest przypisywany wzrostowi zaangażowania kredytowego banków centrów pieniężnych w kredyty zagraniczne. Habibullah i Baharumshah

(1996) badali związek między pieniądzem, produkcją i cenami akcji w Malezji. W okresie od stycznia 1978 r. do września 1992 r. stosowali test współintegracji na danych. Sześć różnych indeksów giełdowych zostało przetestowanych przy użyciu podaży pieniądza (zarówno M1 jak i M2) oraz PKB jako wskaźnika zastępczego dla produkcji. Stwierdzili oni, że malezyjska giełda papierów wartościowych jest efektywna informacyjnie w odniesieniu do powyższych zmiennych (Habibullah i Baharumshah, 1996 r.).

Bashir i Hassan (1997) przeanalizowali wrażliwość stóp procentowych na akcje w Zjednoczonych Emiratach Arabskich (ZEA). Analizie poddano dane obejmujące okres od stycznia 1990 r. do grudnia 1994 r. Przyjęto prostą technikę OLS. Wyniki wykazały, że wahania stóp procentowych mają znaczący i negatywny wpływ na zapasy sektora bankowego. Ponadto, nawet w przypadku braku oficjalnej giełdy papierów wartościowych, inwestorzy w ZEA uwzględniają czynnik oprocentowania w obrocie akcjami.

Nishat i Shaheen (2004) badali długoterminową zależność między zmiennymi makroekonomicznymi a indeksem KSE. Wykorzystano dane kwartalne obejmujące okres 1973-2004. Indeksy produkcji przemysłowej, inflacja, szeroki pieniądz, wartość zarobków inwestycyjnych i stopa rynku pieniężnego zostały przetestowane za pomocą modelu korekcji błędów i techniki Granger causality. Wyniki kointegracji wskazywały na długotrwałą zależność pomiędzy tymi zmiennymi. Ponadto stwierdza się, że produkcja przemysłowa i inflacja są największymi, odpowiednio pozytywnymi i negatywnymi czynnikami determinującymi. Istniała również swobodna relacja między rynkiem akcji a stopą procentową (Nishat & Shaheen, 2004).

Maysami et al. (2004) badali współdziałanie zmiennych ekonomicznych i indeksów sektorowych, jak również indeksu giełdowego. Analizie poddano niektóre relacje sektorowe, na które składały się wskaźnik finansowy, wskaźnik nieruchomości oraz wskaźnik hotelarski, wykorzystując dane miesięczne od stycznia 1989 r. do grudnia 2001 r. Krótko- i długoterminowe stopy procentowe, produkcja przemysłowa, poziom cen, kurs walutowy i podaż pieniądza zostały przetestowane poprzez zastosowanie współintegracji i modelu korekcji błędów wektorowych (VECM). Wyniki wykazały istotny związek indeksu giełdowego i indeksu nieruchomości ze wszystkimi zmiennymi. Z drugiej strony, istotny związek z wybranymi zmiennymi został ustalony jedynie wśród indeksów finansowych i hotelarskich (Maysami i in., 2004).

Vardar, Aksoy, & Can (2008) przeanalizowały wpływ stóp procentowych i kursów walutowych na zmienność różnych sektorów (finansowego, przemysłowego, usługowego i technologicznego) oraz złożonych indeksów na giełdzie w Stambule. Dane dzienne obejmujące lata 2001-2008 zostały przeanalizowane przy użyciu modelu EGARCH. Wyniki wykazały silną siłę przewidywania dwóch zmiennych na zmienność wskaźnika złożonego. Konkretne zmiany kursów walut były silnie prognostyczne dla wszystkich indeksów z wyjątkiem indeksu technologicznego. Co więcej, zmienność stóp procentowych wykazywała znaczną dodatnią relację ze wszystkimi wskaźnikami z wyjątkiem sektora usług, który wykazywał ujemną relację. Następnie zasugerowano, że inwestorzy powinni stosować się do polityki pieniężnej w celu skutecznego zarządzania ryzykiem przy podejmowaniu decyzji inwestycyjnych w tych sektorach (Vardar et al., 2008).

Vaz, Ariff i Brooks (2008) zbadali zmiany stóp procentowych zwrotu z akcji głównych australijskich banków w okresie od stycznia 1990 r. do czerwca 2005 r. W badaniu wykorzystano metodologię badania zdarzeń modelu rynkowego. Wynik nie wykazał negatywnego wpływu na stopy procentowe australijskich banków po ogłoszonym wzroście stóp procentowych w przeciwieństwie do banków w USA, gdzie zaobserwowano negatywny wpływ wzrostu stóp procentowych. Nastąpiła również dodatnia anormalna stopa zwrotu netto w przypadku wzrostu stopy pieniężnej. W związku z tym stwierdzono, że australijskie banki działające w mniej konkurencyjnych i skoncentrowanych środowiskach są w stanie korzystnie zarządzać wpływem na zyski, gdy ogłaszane są zmiany stóp gotówkowych (Vaz et al., 2008). Podsumowanie różnych badań i ustaleń znajduje się w tabeli 1.

Tabela 1

Podsumowanie A różnych badań i ustaleń 2015 r.

Autor(e)	Rodzaj	metody	zmiennej	
	Wielkość próbki Wyniki			
Wong et al., 2005	Exchange & Interest rate Co-integrate		d	
	Krótkoterminowe Pozytywne			
Wong et al., 2005	Exchange & Interest rate Co-integrated		long-term	Negative
Kual, 1987	Exchanger & Interest rate Vector	Error Co. 1926-194	Negative	
Jaradat i in., 2010	Inflacja i stopa procentowa OLS		1990-2008	
	Dodatni			
Aliyu, 2010 r.	Inflacj a	G. Heteroskedastyczność		Krótkoterminowa
Pozytywna				
Aggarwal,1981	Kurs walutowy	Wartość ważona	1990-2066	Dodatnia
Anokye &Twen, 2008 Inflation		& Exchange Co-integrated		1990-2006
	Negative			
Habibullah & Bah,1996 Podaż pieniądza		i popyt Współzintegrowany		1978-1992
	Pozytywny			
Bashir & Hassan, 1997	Stopa procentowa OL	S	1990-1940	
	Ujemna			
Maysami et al., 2004	Kurs walutowy Podaż pieniądza	Vector Error Co.	1989-2001	Negatywny
Vardar et al., 2008	Stopa procentowa i kurs wymiany	EGARCH	2001-2008	
	Ujemny			

Aktualne ustalenia

Jedno z niewielu badań dotyczących stóp procentowych w Ghanie i jego wpływu na ceny akcji giełdy w Ghanie zostało przeprowadzone przez Yarteya i Adżasiego (2007). (patrz tabela 2) Autorzy analizowali wpływ wahań stóp procentowych i ich wpływu na giełdę w Ghanie. Dane miesięczne obejmowały okres od stycznia 1951 r. do czerwca 2005 r. Do określenia i prognozowania wariancji wykorzystano model EGARCH. Stwierdzono, że zmienność stopy zwrotu z akcji nie była jedynym wynikiem zmienności stóp procentowych, ale że miały na nią wpływ również inne czynniki makroekonomiczne. Wydaje się to być zgodne z wynikami jego badań. Jednak w swoich badaniach Yartey i Adżasi (2007) wykorzystali model EGARCH, który dokonał faktycznej oceny skutków, podobnie jak modele stosowane w tych badaniach. Co więcej, wyniki wykazały również odwrotną zależność między zmiennością stóp procentowych a zwrotem z rynku akcji. Ponownie, końcowe ustalenie dało wynik zbliżony do wyników tych badań. Yartey i Adżasi zaleciły podjęcie środków w celu zapewnienia stabilnego otoczenia makroekonomicznego dla lepszego napływu inwestorów, informacji i podejmowania decyzji dotyczących przyszłych inwestycji (Yartey i Adżasi, 2007).

Aydemir i Demirhan (2009) zbadały związek przyczynowy między zapasami a kursami walutowymi w Turcji. Dane z 23 lutego 2001 r. do 11 stycznia 2008 r. zostały przetestowane przy użyciu modelu korekcji błędów i integracji. Do reprezentowania akcji wybrano pięć indeksów. Autorzy analizowali wpływ kursów walutowych. Przeprowadzony test był dokładnie taki, jak te zastosowane w niniejszej pracy. Wyniki wskazują na istnienie dwukierunkowej zależności przyczynowej między kursem walutowym a wszystkimi indeksami giełdowymi. Cztery z pięciu wybranych indeksów wykazały ujemną przyczynowość (od indeksów do kursu walutowego) z wyjątkiem technologii (Aydemir & Demirhan, 2008).

Kolejne prace badawcze, o których mowa, zostały przeprowadzone przez Beirne, Caporale, & Spagnolo (2009), która przeanalizowała relacje między zmiennymi makroekonomicznymi a stopami zwrotu z akcji w trzech sektorach finansowych: bankowości, usługach finansowych i ubezpieczeniach w 16 różnych krajach. Ponadto badali oni przyczynowość w zakresie średniej i zmienności. Zastosowano czterowariantowy model EGARCH. Zmienne obejmowały trzy wskaźniki sektora finansowego, bony skarbowe, obligacje rządowe, kursy walutowe, w tym długoterminowe i krótkoterminowe stopy procentowe. W badaniach tych autorzy analizowali zmienne makroekonomiczne za pomocą testu przyczynowości i wariantu modelu EGARCH, ale doszli do tych samych wniosków (Beirne i in., 2009). Wyniki wykazały negatywny znaczący wpływ kursu procentowego, natomiast kurs walutowy wykazał mieszany znaczący wpływ z cenami akcji. Jest to jeden ze scenariuszy, który wzbudził zainteresowanie tego opracowania badawczego (Beirne i in., 2009).

Ponadto w ramach prac badawczych prowadzonych przez Chena i in. (1986) zbadano wpływ niektórych zmiennych makroekonomicznych na stopy zwrotu z rynku giełdowego. Autorzy w tych pracach analizowali również wpływ zmiennych makroekonomicznych na ceny akcji, stosując odmienną metodologię, ale ostatecznie uzyskali podobne wyniki jak w tych badaniach. Przyjęły one krótko- i długoterminowe stopy procentowe, spodziewaną i niespodziewaną inflację, produkcję przemysłową oraz spread między obligacjami wysokiej i niskiej jakości. Przyjęto dane z lat 1953-1972 i zastosowano 12 regresji przekrojowych. Następnie stwierdzono, że niektóre z tych zmiennych makroekonomicznych mają znaczący wpływ na rentowność zapasów, takie jak produkcja przemysłowa i zmiany premii za ryzyko. To rzuciło więcej światła na główny temat tego artykułu badawczego z jego wnioskiem o negatywnej relacji (Chen i in., 1986).

Jedna z powszechnych i ważnych prac badawczych została przeprowadzona przez firmy Humpe i Macmillan (2007). Zastosowały one analizę współintegracji w celu ustalenia związku między kluczowymi czynnikami makroekonomicznymi a cenami akcji na amerykańskich i japońskich rynkach kapitałowych z danymi z lat 1971-1990 i stwierdziły, że w USA istnieje jeden wektor współintegracji, co sugeruje istnienie pozytywnej relacji między cenami akcji a produkcją przemysłową. Z drugiej strony, te ceny akcji były ujemnie powiązane z indeksem cen towarów i usług konsumpcyjnych (CPI) i stopą procentową. W badaniach Humpe'a i Macmillana autorzy wykorzystywali współintegracje do przeprowadzenia analizy, choć może to być mylące niekiedy ze względu na siły ekonomiczne i pojedynczą współintegrację. Wynik był nieznaczny, ale na tym rynku wystąpił pozytywny wpływ podaży pieniądza. W danych japońskich odkryli jednak dwa współintegrujące się wektory. Pierwszy z nich wskazywał, że istnieje pozytywny związek pomiędzy produkcją przemysłową a cenami akcji, natomiast drugi wektor wskazywał negatywny wpływ wskaźnika CPI i długoterminowych stóp procentowych na produkcję przemysłową, co było dokładnym odzwierciedleniem podobnych analiz w niniejszym opracowaniu badawczym (Humpe & Macmillan, 2007).

Fang i Miller (2002) określili wpływ zmienności na koreańskim rynku akcji za pomocą modelu EGARCH-M oraz danych dziennych tych zmiennych od 3 stycznia 1997 r. do 21 grudnia 2000 r. Okazało się, że koreański rynek walutowy wpływał na rynek akcji na trzy różne sposoby. Pierwszy kanał sugerował, że kurs wymiany ma negatywny wpływ na stopy zwrotu z rynku giełdowego. Po drugie, zmienność amortyzacji pozytywnie wpływa na te zwroty i wreszcie, zmienność zwrotów giełdowych reaguje na zmienność amortyzacji kursów walutowych. Choć ich badania dają takie same wyniki, jak te w niniejszym opracowaniu, nie zawierają one odpowiednich zmiennych ekonomicznych, takich jak stopa procentowa. Gdyby zawierały one kilka więcej zmiennych makroekonomicznych, takich jak podaż pieniądza czy stopy procentowe, ich wyniki byłyby znacznie bardziej znaczące (Fang & Miller, 2002).

Stavarek (2004) zbadał charakter relacji między cenami akcji a kursem wymiany w czterech pierwotnych krajach Unii Europejskiej (UE) (Austria, Francja, Niemcy i Wielka Brytania) oraz w czterech nowych krajach członkowskich (Republika Czecka, Węgry, Polska i Słowacja) oraz w USA. Dane różniły się jednak dla poszczególnych krajów w zależności od ich dostępności. Dane miesięczne od grudnia 1969 r. do grudnia 2003 r. były wykorzystywane dla Austrii, Francji, Niemiec, Wielkiej Brytanii i USA, natomiast dla Polski - od grudnia 1993 r. do grudnia 2003 r. Republika Czeska korzystała z danych od grudnia 1994 r. do grudnia 2003 r. (Stavarek, 2004). W przypadku Węgier było to od stycznia 1995 r. do grudnia 2003 r., natomiast w przypadku Słowacji było to od czerwca 1995 r. do grudnia 2003 r. Badania nie dały dokładnych wyników, jak te w niniejszym opracowaniu badawczym, ponieważ przeprowadzono kilka testów. Wykorzystano kilka testów, takich jak analiza współintegracji, standard modelowania korekcji błędów wektorowych i test ofiary Grangera, aby ustalić związek między kursem walutowym a cenami akcji. Stavarek stwierdził, że w pierwszym okresie od 1970 do 1992 r. nie było długotrwałego związku. W latach 1993-2003 w pierwotnych państwach członkowskich UE i w USA istniała znacznie większa liczba ofiar z powodu silnego rozwoju rynku giełdowego i kursów wymiany walut. Długoterminowa równowaga nie istniała w nowych państwach członkowskich UE ze względu na ich relatywnie słabo rozwinięte rynki. Obecne wyniki badań nie zgadzały się jednak z trybem gromadzenia i analizy danych, który dał wyniki Stavarek.

Ponadto, Flannery i Protopapadakis (2002) zbadały wpływ niektórych czynników makroekonomicznych na zagregowane zyski z akcji. Autorzy wykorzystali 17 ogłoszeń danych makroekonomicznych z lat 1980-1996 i zastosowali model EGARCH do określenia wpływu tych czynników na stopy zwrotu oraz ich zmienność. Po przeprowadzeniu analizy okazało się, że istnieją realne (raport o zatrudnieniu, bilans handlowy i mieszkaniowy), jak również silne kandydatury na czynniki ryzyka. Wyniki różniły się, ponieważ dane były nieco stare. Dane z lat 1980-1996 wydają się zbyt stare w porównaniu z danymi z roku 2015. Ponadto, rozpatrywane zmienne mają odwrotną zależność. Z trzech zmiennych nominalnych tylko podaż pieniądza wpływała zarówno na poziom zwrotu, jak i na zmienność, podczas gdy dwie pozostałe zmienne nominalne wpływały tylko na poziom zwrotu. Z drugiej strony, wszystkie trzy rzeczywiste zmienne makroekonomiczne miały wpływ jedynie na zmienność stóp zwrotu (Flannery & Protopapadakis, 2002).

Ibrahim i Aziz (2003) badali związek między czterema zmiennymi makroekonomicznymi a wskaźnikiem zespolonym Kuala Lampur Composite Index (KLCI) poprzez współintegrację i wektorowy model auto regresji. Zastosowano odpowiednią metodologię i narzędzia analityczne. Wykorzystały one dane miesięczne swoich zmiennych, którymi były: produkcja realna, stopa inflacji, podaż pieniądza i kurs wymiany od 1977 r. do sierpnia 1998 r., a ich model sugerował istnienie relacji krótkoterminowej, jak również długoterminowej pomiędzy zmiennymi makroekonomicznymi a KLCI. Następnie zbadali oni, że dwie zmienne, tj. kurs walutowy i podaż pieniądza, są negatywnie powiązane z cenami akcji, podczas gdy dwie pozostałe mają pozytywny wpływ na indeks (Ibrahim & Aziz, 2003).

Wickremasinghe (2011) zbadał długoterminową relację między rynkami kapitałowymi Sri Lanki (CSE) a sześcioma zmiennymi makroekonomicznymi, takimi jak trzymiesięczna stała stopa depozytowa, indeks cen konsumpcyjnych i amerykański indeks giełdowy wąskie M1 i PKB Sri Lanki. Prace te przyniosły takie same wyniki jak niniejszy referat badawczy ze względu na podobną metodologię i narzędzia analizy. Wykorzystywali oni dane miesięczne od stycznia 1985 r. do grudnia 2004 r. i za pomocą testu pierwiastka jednostkowego, współintegracji, dekompozycji wariancji oraz mechanizmu korekty błędów ustalili krótko- i długoterminową zależność między cenami akcji a zmiennymi makroekonomicznymi (Wickremasinghe, 2011). Wyniki tego badania sugerowały dwukierunkową relację między indeksem giełdowym a cenami akcji o stałym oprocentowaniu depozytów, w tym ceną akcji USA i PKB, podczas gdy pozostałe zmienne, którymi są CPI, M1 i kurs walutowy, wskazywały na przypadkową relację dwukierunkową. Wyniki dekompozycji wariancji sugerują, Īe PKB i M1 odgrywają waĪną rolĈ w dáuĪszym horyzoncie do prognozowania wariancji cen akcji (Wickremasinghe, 2011).

Liu i Shrestha (2008) zbadali również długoterminową relację między chińskim rynkiem akcji a zestawem zmiennych makroekonomicznych, które obejmują produkcję przemysłową, kurs walutowy, inflację, podaż pieniądza i stopę procentową. Wykorzystali oni dane wtórne wszystkich zmiennych od stycznia 1992 r. do grudnia 2001 r. i zastosowali test współdziałania heteroskedastycznego na powyższych zmiennych. Wnioski z tego badania sugerują, że produkcja przemysłowa i podaż pieniądza mają pozytywny związek z chińskimi indeksami giełdowymi, podczas gdy inflacja, stopa procentowa i kurs wymiany walut mają negatywny wpływ na ceny akcji (Liu & Shrestha, 2008). W pracy zastosowano odpowiednią metodologię i narzędzia do analizy, stąd te same ustalenia z tymi pracami badawczymi. Produkcja przemysłowa i podaż pieniądza w gospodarce nie miały bezpośredniego związku z cenami akcji, a to doprowadziło do pozytywnej relacji. Następnie zalecili, aby inwestorzy, którzy chcą inwestować na chińskiej giełdzie, inwestowali w perspektywie długoterminowej, ponieważ w perspektywie krótkoterminowej chiński rynek akcji jest bardzo niestabilny i ryzykowny (Liu & Shrestha, 2008).

Merikas i Merika (2006) próbowały ponownie przeanalizować hipotezę, która sugeruje, że rynek akcji ma negatywny wpływ na rzeczywistą działalność gospodarczą w Niemczech. Zebrali oni dane z lat 1960-2000 i zbudowali model VAR. Jako miernik inflacji użyli CPI, podczas gdy jako stopę zwrotu z giełdy przyjęto realną stopę zwrotu indeksu giełdowego DAX (Merikas & Merika, 2006). Stwierdzili oni, że ceny akcji mają negatywny związek ze wzrostem zatrudnienia w kraju, podczas gdy stopy wzrostu PKB mają pozytywny związek z rynkiem akcji (Merikas & Merika, 2006).

Ponadto Hussainey i Ngoc (2009) zbadały wpływ krajowych i międzynarodowych zmiennych makroekonomicznych na wietnamskie ceny akcji. Zastosowali oni model regresji w odniesieniu do danych dotyczących Wietnamu, jak również danych z USA dotyczących tych samych zmiennych, które obejmowały ceny akcji Wietnamu, produkcję przemysłową, CPI, podstawowe stopy procentowe VN i stopy obligacji rządowych dla Wietnamu, natomiast S & P 500, produkcję przemysłową, CPI, stopy procentowe trzymiesięcznych amerykańskich bonów skarbowych oraz dane dotyczące długoterminowych obligacji rządowych dla USA. Wyniki badania sugerowały, że produkcja przemysłowa ma pozytywny wpływ na ceny akcji w Wietnamie, podczas gdy krótko- i długoterminowe stopy procentowe wykazały nieznaczny wpływ na ceny akcji (Hussainey & Ngoc, 2009). Wyniki sugerują również, że rzeczywista działalność produkcyjna USA ma znaczący wpływ na ceny akcji w Wietnamie. W powyższych badaniach zmienna makroekonomiczna dała pozytywne wyniki, ponieważ produkcja przemysłowa nie ma bezpośredniego wpływu na ceny akcji (Hussainey & Ngoc, 2009).

Coleman i Agyire-Tettey (2008) zbadali, jak wskaźniki makroekonomiczne wpływają na wyniki rynków giełdowych, wykorzystując giełdę w Ghanie jako studium przypadku. W celu ustalenia zarówno krótko-, jak i długoterminowych relacji zastosowano techniki modeli współdziałania i korekcji błędów (Coleman & Agyire-Tettey, 2008). Wyniki badania pokazują, że oprocentowanie pożyczek udzielanych przez banki depozytowe ma negatywny wpływ na wyniki giełdowe, a w szczególności stanowi główną przeszkodę dla rozwoju działalności gospodarczej w Ghanie. Chociaż stwierdzono, że stopa inflacji ma negatywny wpływ na wyniki giełdowe, wyniki wskazują, że potrzeba czasu, aby to się stało ze względu na występowanie okresu opóźnienia. Ponadto, przegląd literatury wzmocnił projekt badawczy, podczas gdy podobne opracowania autorów cytowanych na liście referencyjnej i badania rozpoznawcze posłużyły również jako podstawowy wkład do opracowania tego opracowania (Coleman & Agyire-Tettey, 2008). Podsumowanie różnych badań i ustaleń znajduje się w tabeli 2.

Tabela 2

Podsumowanie B różnych badań i ustaleń 2015 r.

Autor(e) dotyczące wielkości	Typ próbki	metody	zmiennej	Wyniki
Yartey & Adjasi, 200 7	Stopa procentowa BADANIE Negatywne		1951-2005	
Aydemire & Demi, 2009	Giełda Współzintegrowana Negatywne		2001-2008	
Beirne i in., 2009	Stopa procentowa i giełda EGARCH		2006-2009	Negatywne

Chen i in., 1986 Stopa procentowa i krzyżowa regresja walutowa1953-1972

Negatywny

Humpe & Mac, 2007 Inflacja i kurs walutowy Współczynnik integracji 1971-1990 Ujemny

Fang & Miller, 2002 Giełda i stopa procentowa BADANIE 1997-2000 Dodatnie

Stavarek, 2004 Kurs walutowy Współzintegrowany 1995-2005

Nie dotyczy

Flannery & Protopapadakis, 2002 Employment & Trade Bal. BADANI E 1980-1996 Negatywne

Ibrahim & Aziz,2003 Inflacja i kurs walutowy Wektor Auto 1977-1998 Dodatni

Wickremasinghe, 2011 r. Inflacja i popyt na pieniądze Współzawodnictwo 1985-2004 Pozytywne

Liu & Shrestha, 2008 Inflacja i podaż pieniądza Współzawodnictwo 1992-2001 Pozytywne

Merikas & Merika, 2006 Inflacja i realna stopa procentowa VAR Model 1960-2000

Dodatni

Hassainery & Ngoc, 2009 Stopa procentowa & Obligacje Regresj a 3 miesiące Wynik

dodatni

Coleman & Agyire-Tettey, 2008 Stopa procentowa i inflacja Współzintegrowane Krótkoterminowe

Ujemne

Podsumowanie

W rozdziale 2 zaprezentowano przegląd literatury z rozdziałami oznaczającymi ramy teoretyczne, które obejmowały orientację teoretyczną, literaturę empiryczną i aktualne ustalenia. W przeglądzie wykorzystano dalszą analizę teoretycznej i empirycznej zależności między stopą procentową a cenami akcji na giełdzie w Ghanie. W rozdziale 3 przedstawiono metodologię badań, cel badania, projekt badań, populację i strategię doboru próby, instrument badawczy, walidację instrumentów, procedury gromadzenia danych i analizę danych.

Rozdział 3 - Metodologia badań

W rozdziale 3 przedstawiono metodologię stosowaną przy prowadzeniu badań, w tym stopę procentową i jej wpływ na ceny akcji na giełdzie w Ghanie. Metodologia zastosowana w tym badaniu była ilościowa, a podejście pozytywistyczne i badanie analityczne opierały się na badaniu empirycznym i analizie badań korelacyjnych.

Cel badania

Celem tego badania było zbadanie wpływu stóp procentowych na ceny giełdowe na giełdzie w Ghanie w latach 2009-2013. Drugim celem tego opracowania była analiza wspólnej zależności między stopą procentową (stopą kredytu) a stopą procentową weksla skarbowego (stopą wolną od ryzyka) na giełdzie papierów wartościowych w Ghanie (GSE, 2013) w tym samym okresie.

Trzecim celem tego badania była pomoc inwestorom i zarządzającym portfelem w określeniu, czy oprocentowanie bonów skarbowych lub/i stóp procentowych ma wpływ na rynek giełdowy i czy inwestorzy powinni wspólnie obserwować te dwie zmienne w celu ponownego zrównoważenia swojego portfela, aby podjąć dobrą decyzję inwestycyjną. Powszechnie przyjmuje się, że zmiany w zmiennych makroekonomicznych zawierają ważne informacje dla uczestników rynku, zarówno w krótkim, jak i długim horyzoncie czasowym. Wspólną hipotezą jest, że inwestorzy włączają takie informacje do swoich szacunków dotyczących odpowiedniej stopy dyskontowej i oczekiwanych dywidend, które z kolei wpływają na ceny akcji.

Badanie przyczyni się do istniejącego akademickiego korpusu wiedzy z nowymi dowodami z giełdy w Ghanie z ustaleniami i wynikami odnoszącymi się do zainteresowania i jego związek z cenami akcji. W związku z tym celem badania jest określenie zależności między stopami procentowymi a cenami akcji na giełdzie w Ghanie. Wyniki te pomogły w stworzeniu podstaw dla przyszłych badań nad stopami procentowymi i związkiem z cenami akcji na giełdzie w Ghanie.

Opracowanie to oferuje ważne spostrzeżenia dla zarządzających inwestycjami i portfelami inwestycyjnymi, dla ogółu społeczeństwa, inwestorów prywatnych, funduszy emerytalnych i rządu, co zapewnia im koszty alternatywne związane z posiadaniem akcji, wspierając w ten sposób literaturę. Zhou (1996) badał relację między stopami procentowymi a cenami akcji za pomocą analizy regresji. Zhou stwierdził, że stopy procentowe mają istotny wpływ na ceny akcji, zwłaszcza w długoterminowych horyzontach inwestycyjnych, ale odrzuca się hipotezę, że oczekiwane zyski z akcji przesuwają się jeden za jeden ze stopami procentowymi ex ante (Zhou, 1996). Ponadto, jego wyniki wykazały, że długoterminowa stopa procentowa tłumaczy znaczną część zmienności wskaźników cenowo-podziałowych. Ponadto Zhou zasugerował, że duża zmienność rynku akcji jest związana z dużą zmiennością rentowności obligacji długoterminowych i może być uwzględniona w zmieniających się prognozach dotyczących stóp procentowych (Zhou, 1996).

Projektowanie badawcze

Dwa pytania badawcze, które kierowały tą analizą były następujące:

R1: Czy zmiany stóp procentowych miały związek z cenami akcji na giełdzie w Ghanie.

R2: Czy istnieje związek między stopą procentową a cenami akcji na giełdzie w Ghanie ?

Zastosowana metodologia była ilościowa, zastosowano podejście pozytywistyczne, a badanie analityczne oparto na badaniu empirycznym i analizie badań korelacyjnych. W projekcie badań wykorzystano wyniki badań nad stopą procentową i relacją ceny akcji do ceny akcji w odniesieniu do analizy regresji.

Pytania badawcze i hipotezy były następujące:

R1: Czy zmiany stóp procentowych były związane z cenami akcji na giełdzie w Ghanie i

1Ho: Czy zmiany stóp procentowych nie były związane z cenami akcji?

1H1: Zmiany stóp procentowych związane z cenami akcji.

R2: Czy istnieje związek między stopą procentową a cenami akcji na giełdzie w Ghanie?

2Ho: Nie ma związku między stopą procentową a cenami akcji na giełdzie w Ghanie

.

2H1: Istnieje związek pomiędzy cenami akcji na giełdzie w Ghanie .

Hipotezy te zostały przetestowane w celu oceny znaczenia analizy regresji. W badaniu przyjęto hipotezy zerowe, ponieważ wartość prawdopodobieństwa była większa niż 1% i 5% wartości krytycznej na istotnym poziomie, co oznacza, że nie odrzucono hipotez zerowych.

Strategia dotycząca ludności i pobierania próbek

Technikę pobierania próbek poddano stratyfikacji i zastosowano metodę celowego pobierania próbek. Wielkość populacji objętej badaniem wynosiła pięć lat (2009-2013) obliczeń stóp procentowych Banku Ghany i Banku Światowego, a także pięć lat (2009-2013) obliczeń cen akcji w raporcie Giełdy Papierów Wartościowych w Ghanie i literaturze akcyjnej. Zależność między stopami procentowymi a cenami akcji analizowano za pomocą następującej metody:

Po pierwsze, w ramach badania przeprowadzono różne analizy w celu zbadania zmiennych z każdą zmienną odpowiedzi jako ceny akcji. Po drugie, w badaniu wykorzystano test pierwiastków jednostkowych, który został wykorzystany do analizy wszystkich zmiennych objaśniających oraz zmiennych ich odpowiedzi, które miały zastosowanie w badaniu, ponieważ zmienne te mają charakter szeregów czasowych. W związku z tym w ramach badań przeprowadzono jednostkowe testy korzeni DF, aby zdecydować, czy te szeregi czasowe były stacjonarne czy niestacjonarne.

Po trzecie, autokorelacja jest jednym z najważniejszych założeń przyjętych w analizie regresji. Jeżeli kolejne resztki są skorelowane, to dla danych szeregów czasowych istnieje warunek autokorelacji. Statystyka Durbin-Watson (d) jest stosowana w celu sprawdzenia, czy istnieje problem autokorelacji dla zestawu danych próbki. Po czwarte, w badaniu tym nie można było przeprowadzić testu na wieloliniowość w celu zbadania, czy zmienne objaśniające są skorelowane, co zapewnia ważność modeli regresji wielokrotnej w przewidywaniu cen akcji (Patterson, 2000). I wreszcie, w ramach badania przeprowadzono test Causality w celu ustalenia, czy zmiany krótko- i długoterminowych stóp procentowych (średnich stóp procentowych) powodują zmiany cen akcji (Patterson, 2000).

Badania Data

Wykorzystano dane wtórne, ponieważ w badaniach ilościowych dane wtórne, takie jak szeregi czasowe, zapewniają dokładny pomiar, natomiast dane pierwotne, takie jak wywiady i kwestionariusze, nie zapewniają dokładnego pomiaru. W badaniach tych wykorzystano źródła wtórne jako główną metodę gromadzenia danych. Przeanalizowano te wtórne źródła danych i wykorzystano literaturę dotyczącą stóp procentowych i cen akcji. Dane zostały zebrane ze źródeł wtórnych, takich jak Bank Ghany, oficjalna baza danych Banku Światowego, Raport Rynkowy Giełdy Papierów Wartościowych w Ghanie, oraz z innej literatury. Te źródła danych dostarczyły istotnych informacji o cenach akcji i zostały wykorzystane do analizy stóp procentowych i cen akcji na giełdzie w Ghanie (Coleman & Agyire-Tettey, 2008; Dadadu, 2010; Egu, 2010; Kuwornu, 2012; Owusu-Nantwi, 2011).

Zatwierdzenie

Według Burnsa (2000), pojęcie wiarygodności uwzględnia to, czy uzyskany wynik jest stabilnym wskaźnikiem swojej wydajności, przedstawiającym wiarygodność w kategoriach stabilności, niezawodności i przewidywalności. Ważne jest również, aby uznać, jak dobrze dany test lub instrument mierzy dany obszar lub grupę. Technika pomiaru lub oceny może być całkowicie wiarygodna, ale zawsze istnieje potrzeba, aby osoba przeprowadzająca badanie zapytała o ważność przyrządu. Wiarygodność i zasadność mają zasadnicze znaczenie dla wszelkich badań, zarówno ilościowych, jak i jakościowych. Przy prowadzeniu badań ilościowych można zwiększyć ich ważność poprzez odpowiednie oprzyrządowanie, staranne pobieranie próbek i właściwą analizę danych (Burns, 2000).

Wiarygodność danych jest maksymalnie zapewniona w oparciu o źródło danych, jakim jest Bank of Ghana i giełda w Ghanie, ze względu na ich dokładność w gromadzeniu danych oraz na to, że dokładny pomiar jest pewny, co stanowi o wiarygodności. Przy wyborze techniki pobierania próbek brano pod uwagę wiarygodność i zasadność. Praktyczne było przyjęcie techniki nieprawdopodobieństwa próbkowania, ponieważ badania wyznaczyły cele i pytania badawcze, które spełnią cel badań lub studiów. Według Cohena i in. (2000), najbardziej praktycznym i skutecznym sposobem na osiągnięcie słuszności jest ograniczenie ilości błędów i stronniczości w jak największym stopniu.

Procedury gromadzenia danych

Badania te koncentrowały się głównie na wtórnych rodzajach danych. Wszystkie wtórne dane o stopach procentowych zostały zebrane z Banku Ghany i oficjalnej bazy danych Banku Światowego, a dane o cenach akcji zostały również zebrane z raportu rynkowego giełdy w Ghanie i innych przeglądów literatury akcyjnej.

Gromadzenie danych odbywało się głównie na giełdzie papierów wartościowych w Ghanie oraz w Banku Ghany, a dane publikowane były na stronie internetowej Banku Ghany (www.bog.gov.gh oraz www.gse.com.gh). Ilość danych wtórnych, którymi dysponowano w ramach tych badań, była znaczna. Zostało to uzyskane ze źródeł wewnętrznych i zewnętrznych. Wewnętrzne źródła danych uzyskano z Banku Ghany oraz giełdy papierów wartościowych w Ghanie, natomiast źródłem zewnętrznym była oficjalna baza danych Banku Światowego (www.worldbank.org).

Dane Aanaliza

W badaniach wykorzystano metody analizy danych ilościowych. Analiza trendów została zastosowana na podstawie okresu 2009-2013. Okres ten został wybrany, ponieważ wahania stóp procentowych w ciągu ostatnich dziesięcioleci nie mogą być zrozumiałe. W ramach badania przeprowadzono pięcioletnią analizę oceny wyników w oparciu o zebrane dane lub dane szeregów czasowych. Badania opierały się na czterech szerokich wskaźnikach wyników, które obejmują: a) Wzrost stopy procentowej, b) Spadek stopy procentowej, c) Wzrost cen zapasów;

d) Spadek cen zapasów, ponieważ te dwie zmienne są odwrotnie powiązane, a informacje zostały przeanalizowane przy użyciu SPSS i danych historycznych.

Podsumowanie

W rozdziale 3 rozważono metodologię badań, cel badania, projekt badawczy, populację i strategię doboru próby. W rozdziale tym przedstawiono również instrument badawczy, walidację instrumentów oraz procedury gromadzenia danych i ich analizę. Metodologie te zostały wykorzystane do dalszej oceny relacji między stopami procentowymi a cenami akcji na giełdzie w Ghanie. W rozdziale 4 zostanie rozważona analiza i przedstawienie wyników i ustaleń oraz wyników.

Rozdział 4 - Analiza i prezentacja wyników

W rozdziałach 1, 2 i 3 przedstawiono pytania badawcze oraz opracowano podstawy teoretyczne poprzez wyszukiwanie literatury i metodykę badań wykorzystanych w niniejszym opracowaniu. W rozdziale 4 przedstawiono analizę empiryczną oraz ustalenia i wyniki tych badań, w tym testowanie hipotez i szczegółową analizę statystyczną. Analizy przeprowadzano co roku, aby uzyskać dostęp do zachowań zmiennych w danym roku.

Ustalenia i wyniki

Dane dotyczące 91-dniowych bonów skarbowych i obligacji kwartalnych zostały zebrane i skategoryzowane według miesięcy w roku. Średnia stopa procentowa została obliczona na podstawie objętych próbą bonów i obligacji skarbowych jako miara odsetek, które stały się punktem odniesienia dla porównań i oceny cen akcji. Zastosowano również analizę regresji w celu określenia zależności pomiędzy średnią stopą procentową a cenami akcji. Z obliczeń przedstawionych w tabeli 3 dla badań z 2009 roku wynika, że wskaźnik ten ulegał załamaniu w ciągu roku. Średnia stopa procentowa wskazuje na stały spadek w roku 2009. Ponieważ indeks się załamał, nie było odpowiedniego wzrostu lub spadku. Jest to wyraźna wskazówka, że od 4% do 5% wzrostu stopy procentowej, a następnie od 7% do 6% stopy procentowej, odzwierciedlała załamanie indeksu cen akcji i nie było żadnych wskazań co do wyników, które są ważne dla rynku akcji w Ghanie.

Wyniki wskazują, że stopy procentowe zmniejszyły się, ale nie nastąpił odpowiedni wzrost lub spadek ceny zapasów. Nastąpił raczej krach w indeksie cen akcji i w wynikach procentowych indeksu. Reakcja na zmianę stóp procentowych w styczniu wyniosła zaledwie 3% (4,325% /4,189), a odpowiadająca jej zmiana cen akcji wyniosła 3% (10 220,99% / 9 836,84), co przemawia za tym, że istnieje związek między stopami procentowymi a cenami akcji, co było głównym celem tego badania. Odchylenie procentowe wyraźnie wykazało, że rok 2009 nie był stabilny pod względem wahań stóp procentowych. W tabeli 3 przedstawiono początkowe 4% w styczniu, 5% w kwietniu, 7% w czerwcu i lipcu oraz 6% w sierpniu, co odpowiada problemom, które spowodowały te badania.

Co więcej, wahania w roku 2009 spowodowały załamanie się indeksu cen akcji, a to doprowadziło do skomplikowanego wyniku za rok 2009. W tabeli 3 przedstawiono styczeń jako okres szczytowy z 4,325 najwyższą stopą procentową i odpowiadającą jej najwyższą wartością indeksu cen akcji wynoszącą 10 220,99, jednak nie można było później wykazać żadnych wzrostów indeksów cen akcji. Świadczy to wyraźnie o tym, że decyzje inwestycyjne dla inwestorów uległy zmianie, a motorem jest wskaźnik ekonomiczny, którym jest stopa procentowa. Ustalenia te można również przeanalizować jako dowód na to, że postrzeganie inwestorów w tym okresie nie zmienia się bez względu na zmiany stóp procentowych. Szorstki okres miał miejsce w grudniu, co wskazuje na spadek z 4.325 do 3.435, co stanowi 6%, podczas gdy ceny akcji gwałtownie spadły z 10.220.99 do 5.572.34, co wskazuje na zachowanie inwestorów wobec zmian stóp procentowych, ale było to w przeciwnym kierunku. Jest to przedstawione w tabeli 3.

Ponadto, w oparciu o dane przedstawione w tabeli 3, nie można łatwo przewidzieć zależności między stopami procentowymi a cenami zapasów, ponieważ po spadku stóp procentowych nie nastąpił spadek cen zapasów, lecz raczej ich wzrost. Odpowiednim wzrostem cen akcji mogą być dobre pozycje rentowności niektórych notowanych na giełdzie spółek w Ghanie w roku 2009. Pozycje rentowności były więc dobrym znakiem lub atrakcyjnym biznesem dla inwestorów.

Atrakcyjność dla niektórych inwestorów polega na tym, że niezależnie od zmiany stóp procentowych nadal podejmują oni decyzję inwestycyjną i taki był wskaźnik wyników przedstawiony w tabeli 3. Jedynym sposobem na ocenę zależności między stopą procentową a cenami akcji jest wykres lub analiza regresji. Rząd, jako największy publiczny kredytobiorca, również znajdzie się w trudnej sytuacji, jeśli ta tendencja się utrzyma, ponieważ inwestorzy są skłonni trzymać się kapitału własnego i innych papierów wartościowych o stałym dochodzie nawet w przypadku zmiany stóp procentowych.

Tabela 3

Stopa procentowa i cena akcji za 2009 r.

Miesiąc	Ustawa skarbowa	Bond	Średnia Stopa procentowa	Cena akcji (Indeks)	%
Styczeń	0.806	7.038	4.325	10,220.99	4%
Luty	0.712	6.953	4.189	9,836.84	4%
Marzec	0.642	6.895	4.090	9,247.17	4%
Kwiecień	0.573	6.895	4.021	8,822.91	5%
Maj	0.515	6.781	3.906	7,496.02	5%
Czerwiec	0.458	6.748	3.832	5,426.25	7%
Lipiec	0.401	6.706	3.754	5,230.49	7%
Sierpień	0.372	6.612	3.678	5,900.41	6%
Wrzesień	0.347	6.568	3.631	6,292.14	6%
Październik	0.303	6.519	3.563	5,378.72	7%
Listopad	0.268	6.429	3.483	5,386.48	6%
Grudzień	0.237	6.395	3.435	5,572.34	6%

Wyniki przedstawione w tabeli 3 są przedstawione w formie wykresu liniowego na rysunku 2. Wykres wyraźnie wskazuje na zależność między stopą procentową a zapasami. Pierwsze pytanie badawcze skoncentrowane na korelacji współczynnikowej lub zależności między stopą procentową a cenami akcji było analizowane przy użyciu zwykłej regresji przynajmniej kwadratowej, hipoteza wykazała ujemną korelację lub zależność, która wynosi -1,48% na poziomie znaczącym 5%, co oznacza, że jednostkowy lub procentowy wzrost stopy procentowej doprowadziłby do przybliżonego spadku cen akcji, podczas gdy jednostkowy lub procentowy spadek stopy procentowej doprowadziłby do aprecjacji cen akcji o -1,48%. Te dwie zmienne są w przeciwnym kierunku. Jeśli wykres jest wykreślony lub nie jest wykonywana analiza regresji, zależność między stopą procentową a cenami akcji nie może być wyraźnie widoczna. Wykres pokazał, że w oparciu o dane przeanalizowane na wykresie 2, stopy procentowe i ceny akcji są ze sobą negatywnie powiązane. Wyniki potwierdzają przegląd literatury i badania przeprowadzone przez Burshop et al. (2011). W swoich badaniach uwzględnili oni funkcjonowanie rynków akcji USA, Wielkiej Brytanii i Japonii, relacje między zmiennymi makroekonomicznymi a wahaniami cen akcji. Wyniki tych badań wskazują, że przy niewielkim zróżnicowaniu, zmienne makroekonomiczne mają znaczący wpływ na ceny akcji. Wyniki pomagają inwestorom lepiej przewidywać zmiany cen akcji, gdy te podstawy zmieniają swoją pozycję (Burshop et al., 2011).

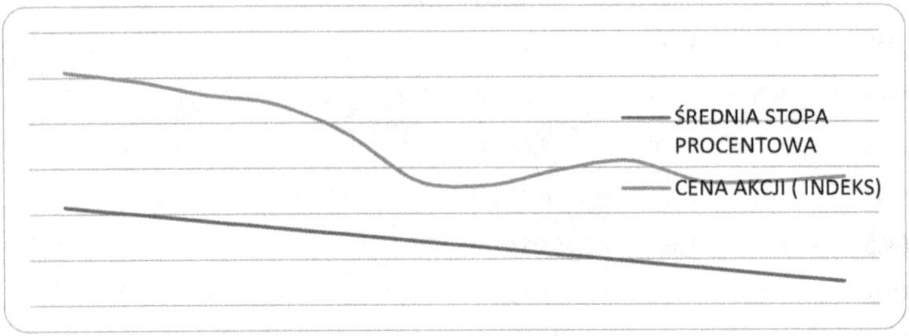

Rysunek 2. Tendencja między kursem procentowym Mild Slope a cenami akcji, 2009.

Ustalenia dotyczące roku 2010 przedstawiono w tabeli 4. Z badań wynika, że wskaźniki skuteczności działania pozwoliły na jasne zbadanie tradycyjnej sytuacji gospodarczej w Afryce, na którą zawsze wpływają zmiany zmiennych makroekonomicznych. Obserwacje z tabeli 4 pokazują, że spadki stóp procentowych w 2010 roku były stałe, ale w tym samym roku ceny akcji nie wynikały ze zmian w tych samych kierunkach. Dane te jednak stanowią ruch sygnałowy w odwrotnej ścieżce, co spowodowało odwrotną zależność między stopą procentową a cenami akcji.

Tabela 4

Stopa procentowa i cena akcji za 2010 r.

Miesiąc	Ustawa skarbowa	Bond	Średnia Stopa procentowa	Cena akcji (Indeks)	%
Styczeń	0.238	6.364	3.420	5,628.36	6%
Luty	0.227	6.325	3.390	5,541.15	6%
Marzec	0.227	6.297	3.376	6,014.34	5%
Kwiecień	0.234	6.270	3.369	6,518.88	5%
Maj	0.241	6.232	3.357	7,172.08	4%
Czerwiec	0.221	6.197	3.320	6,591.10	5%
Lipiec	0.221	6.162	3.302	6,394.02	5%
Sierpień	0.216	6.117	3.275	6,821.80	4%
Wrzesień	0.208	6.081	3.249	6,835.71	4%
Październik	0.204	6.047	3.228	6,886.31	4%
Listopad	0.197	6.015	3.205	7,101.23	4%
Grudzień	0.192	5.992	3.188	7,369.21	4%

W badaniu przeprowadzonym przez Lobo (2000) zmienna makroekonomiczna miała wpływ na wyniki rynku giełdowego. W związku z tym inwestorzy muszą uwzględniać zmienne makroekonomiczne przy wycenie zapasów. Badania wykazały ponadto, że stopy procentowe, kurs walutowy i inflacja są bardzo ważne wśród tych zmiennych makroekonomicznych, które mają wpływ na wyniki rynku giełdowego (Lobo, 2000). Wyniki tych badań potwierdziły również powyższy wniosek.

Analiza empiryczna danych z 2010 r. wskazuje, że średnie stopy procentowe przedstawiały stabilną reprezentację z niewielką zmiennością wynoszącą około 7% (3,420% / 3,188) w ciągu roku przy odpowiednich wahaniach cen akcji na poziomie 31,40% (5 628,36-7 396,21*100/5 628,36) w skali roku. W ocenach tych zdolność reagowania na zmiany cen akcji była o 1,57 % (5 628,36 % / 5 541,15) mniejsza niż stopień zmiany zmiennej makroekonomicznej, którą jest stopa procentowa. Rzeczywiste zachowanie się operacji giełdowych można zobaczyć na podstawie tej analizy danych, która przedstawia negatywny scenariusz korelacji. Tabela.4 pokazuje również, że ceny akcji zmieniają się wraz ze spadkiem stóp procentowych i zjawisko to odzwierciedla reakcję rynku giełdowego i zmiennych makroekonomicznych na giełdzie w Ghanie.

Ponadto, na podstawie wyników przedstawionych w tabeli 4, można łatwo dostrzec na pierwszy rzut oka zależność między stopą procentową a cenami akcji, ze względu na wyniki dotyczące stóp procentowych i cen akcji na giełdzie porównywalne z tabelą 3, gdzie zarówno stopa procentowa, jak i ceny akcji spadają w tym samym kierunku. Drugie pytanie badawcze skoncentrowane na relacji stopy procentowej i cen akcji analizowano za pomocą testu Dicky-fuller Unit Root, hipoteza okazała się statystycznie pozytywna przy wartości P > 05 poziomu istotności, co wskazywało na odrzucenie hipotezy zerowej i istnienie zależności między stopą procentową a cenami akcji. W badaniu przeprowadzonym przez Yartey'a i Adżasi'ego (2007) stwierdzono, że na ceny giełdowe w Ghanie wpływ mają zmienne makroekonomiczne gospodarki w odniesieniu do ich intensywności na różnych rynkach. Inwestor musi więc być świadomy zachowania się giełdy z wynikami, które są generowane po wahaniach tych kluczowych zmiennych (Yartey & Adjasi, 2007). Inwestor chce wiedzieć, jakie działania musi podjąć, a czas, w jakim decyzja ta daje mu maksymalne korzyści (Yartey i Adżasi, 2007).

W tabeli 4 analizy empiryczne zmian procentowych wyraźnie pokazują, że jednym z głównych problemów giełdy papierów wartościowych i gospodarki Ghany jest wahanie stóp procentowych (od 6% do 5%, następnie spada do 4% i do 5% i spada do 4%). Dlatego też inwestorzy i potencjalni inwestorzy muszą zwracać szczególną uwagę na tę zmienną makroekonomiczną przy podejmowaniu decyzji inwestycyjnych. Skuteczne funkcjonowanie giełdy w Ghanie zależy również od stabilności ghańskiej gospodarki. W badaniach Vazz et al. z 2008 roku stopy procentowe mają bardziej bezpośredni wpływ na rynek finansowy. W związku z tym, wzrost stóp procentowych wpływa na zmianę struktury inwestycji, generalnie z rynku kapitałowego na papiery wartościowe o stałym dochodzie. Tabela 4 również może być przedstawiona w formie wykresu (patrz rys. 3).

Rysunek 3 pokazuje wyraźną zależność pomiędzy stopą procentową i cenami akcji oraz jej zachowanie, które wpływa na ceny akcji. Niebieska linia wskazuje stopy procentowe, a nachylenie oznacza spadek stopy procentowej. Czerwona linia pokazuje ceny akcji, a ruch lub nachylenie przedstawia jego reakcję na zmiany stóp procentowych. Stopy procentowe są nachylone w dół, a ceny akcji są prezentowane poziomo na górze, przy czym ceny akcji znajdują się powyżej stopy procentowej,

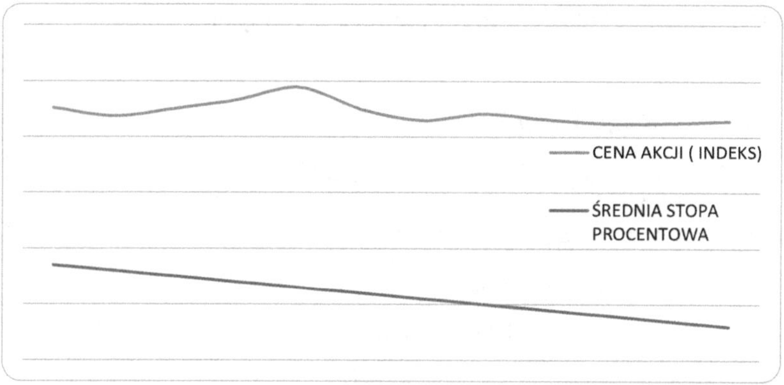

Rysunek 3. Trend pomiędzy spadkową stopą procentową nachylenia a cenami akcji, 2010.

co oznacza trend pomiędzy tymi dwoma zmiennymi. Jest to wyraźny wyraz negatywnego związku lub korelacji. Ponieważ współczynnik regresji wynosi r= -1,47. Współczynnik statystyczny może być wyrażony jako korelacja ujemna. Tak więc, stopy procentowe i ceny akcji mają ujemną lub odwrotną zależność.

Drugie pytanie badawcze koncentrujące się na korelacji pomiędzy stopą procentową a cenami akcji analizowano za pomocą testu Dicky-fuller Unit Root, hipoteza okazała się statystycznie pozytywna przy wartości P > 05 poziomu istotności, co wskazywało na odrzucenie hipotezy zerowej i stwierdzenie istnienia zależności pomiędzy stopą procentową a cenami akcji.

Wyniki potwierdzają wyniki badań przeprowadzonych przez Anokye i Tweneboah (2008), którzy stwierdzili, że relacja między cenami akcji a stopami procentowymi jest ujemna i statystycznie istotna na giełdzie w Ghanie. Badania te wzbogaciły świat wiedzy i przyczyniły się do debaty na temat wahań stóp procentowych, aby pomóc rządom w regulacji stóp procentowych w kraju.

Wyniki uzyskane na podstawie danych przedstawionych w tabeli 5 za 2011 r. również wykazywały różne reprezentacje, ale w ścisłym związku z analizą przeprowadzoną w 2010 r. Stopa procentowa w styczniu 2011 r. wyniosła ogółem 2,751 i zaczęła spadać przy bardzo małej marży 0,47% (2,751% / 2,738), co przyniosło odpowiednie ceny akcji.

Tabela 5

Stopa procentowa i cena akcji za 2011 r.

Miesiąc	Ustawa skarbowa	Bond	Średnia Stopa procentowa	Cena akcji (Indeks)	%
Styczeń	0.124	5.253	2.751	1,056.30	26%
Luty	0.124	5.277	2.738	1,035.66	26%
Marzec	0.122	5.208	2.726	1,053.91	25%
Kwiecień	0.115	5.185	2.708	1,086.49	24%
Maj	0.101	5.159	2.681	1,148.47	23%
Czerwiec	0.096	5.142	2.667	1,159.91	22%
Lipiec	0.090	5.130	2.655	1,119.14	23%
Sierpień	0.084	5.112	2.598	1,085.76	24%
Wrzesień	0.074	5.101	2.625	999.36	26%
Październik	0.087	5.088	2.631	910.65	28%
Listopad	0.082	5.074	2.578	891.78	29%
Grudzień	0.083	5.063	2.615	863.09	30%

spadek o 2% (1.056,30% / 1.035,66). Spadek ten nie mógł być kontynuowany, dopóki nie wzrósł delikatnie w marcu do maja z 1.148,49 %, czyli około 8,9 % (1.148,49 % / 1.053,91), a wzrost ten utrzymał się do czerwca i zaczął spadać w lipcu 2011 roku. Mimo że rok 2011 charakteryzował się również łagodnym spadkiem stóp procentowych, grudzień nieco wzrósł, ale obraz nie był zbyt jasny w porównaniu z rokiem 2010. Tendencja ta utrzymywała się do grudnia 2011 roku. Spadek od lipca do grudnia 2011 r. wynikał z pewnych zmian w zmiennych makroekonomicznych, które były reakcją na działalność giełdową lub niestabilność gospodarki.

Co więcej, zmiany procentowe rzeczywiście odzwierciedlają cel tego badania, jakim jest zmiana stopy procentowej. Obliczenia wykazały 26% dla stycznia i lutego, a następnie ruch ten był niespójny do grudnia 2011 r. W niniejszym dokumencie badawczym potwierdzono zatem, że główne problemy, z jakimi boryka się rynek akcji w Ghanie, to zmienność stóp procentowych i innych zmiennych makroekonomicznych. Nawet jeśli wahania były nierównomierne, zależność ta mogła być analizowana ze względu na zachowanie lub reakcję cen akcji na zmiany stóp procentowych. Pierwsze pytanie badawcze koncentrowało się na efektywnej korelacji lub zależności między stopą procentową a cenami akcji giełdy w Ghanie i było analizowane za pomocą testu przyczynowości. Analiza wykazała znaczenie statystyczne przy wartości testu przyczynowości 0,08 > 05 %, co oznacza, że istnieją dowody na odrzucenie hipotezy zerowej oraz że stopa procentowa jest istotnym czynnikiem powodującym wahania cen akcji na giełdzie w Ghanie. Lobo (2000) badał wpływ zmian stóp procentowych na ceny akcji. Lobo wyjaśnił zachowanie cen akcji po ogłoszeniu stawek funduszu federalnego i stwierdził, że przed ogłoszeniem wzrostu stawek funduszu federalnego, asymetria korekty cen staje się wąska. Stwierdził również, że giełda szybciej reaguje na wiadomości o zawyżaniu cen niż na wiadomości o zaniżaniu cen. Ostatecznie stwierdził, że ogłoszenie stawki docelowej ma znaczący wpływ na ceny akcji i przekazuje nowe informacje na giełdę (Lobo, 2000).

W tabeli 3 nie można łatwo wyjaśnić w skrócie zależności między stopą procentową a cenami akcji ze względu na zachowanie się stóp procentowych i cen akcji na giełdzie w Ghanie. Bezpośrednie porównanie z tabelą 4 również będzie niezwykle trudne, jeśli nie zostanie sporządzony wykres lub wykres. W 2011 r. zarówno stopa procentowa, jak i ceny akcji odnotowały jednak poziome spadki o dość dużym nachyleniu, a ceny akcji wykazywały owalny kształt w ruchu.

Empiryczne analizy zmian procentowych w tabeli 5 pokazują również jeden z głównych problemów giełdy papierów wartościowych i gospodarki Ghany w zakresie wahań stóp procentowych. Mimo że w tabeli 5 można uzyskać dostęp do relacji między stopą procentową a cenami akcji na podstawie obliczeń, na podstawie tej analizy nie można podjąć poważnej decyzji, ponieważ od września 2011 r. ceny akcji gwałtownie spadły w porównaniu ze stopami procentowymi i innymi zmiennymi makroekonomicznymi lub czynnikami wpływającymi na rynek akcji. Analiza ta wspiera również literaturę poddaną przeglądowi, ponieważ w badaniach Kurihary i Nezu (2006 r.) stwierdzono, że istnieje niewielka zależność między cenami akcji a stopami procentowymi ze względu na fakt, że Japonia zastosowała bezprecedensowe złagodzenie polityki pieniężnej w celu obniżenia stóp procentowych, a zatem wpływ na cenę akcji został ograniczony. Tabela 5 może być również przedstawiona w formie wykresu (patrz rys. 4).

Stopa procentowa jest niebieską linią przedstawioną na wykresie, natomiast czerwona linia reprezentuje ceny akcji. Obydwie mają poziomo ostre nachylenie i owalny kształt, przy czym ceny akcji leżą powyżej stopy procentowej, co oznacza związek między tymi dwoma zmiennymi. Pokazuje to wyraźny wyraz negatywnego związku lub korelacji. Tak więc, stopy procentowe i ceny akcji mają ujemną lub odwrotną zależność. Pierwsze pytanie badawcze koncentrujące się na efektywnej korelacji lub zależności między stopą procentową a cenami akcji dotyczyło analizy przy użyciu zwykłej regresji o najmniejszym kwadratu, analiza wykazała ujemną korelację lub zależność, która wynosi -1,48% na poziomie 5% znaczącym, co oznacza, że jednostkowy lub procentowy wzrost stopy procentowej doprowadziłby do przybliżonego spadku cen akcji, podczas gdy jednostkowy lub procentowy spadek stopy procentowej doprowadziłby do aprecjacji cen akcji o -1,48%.

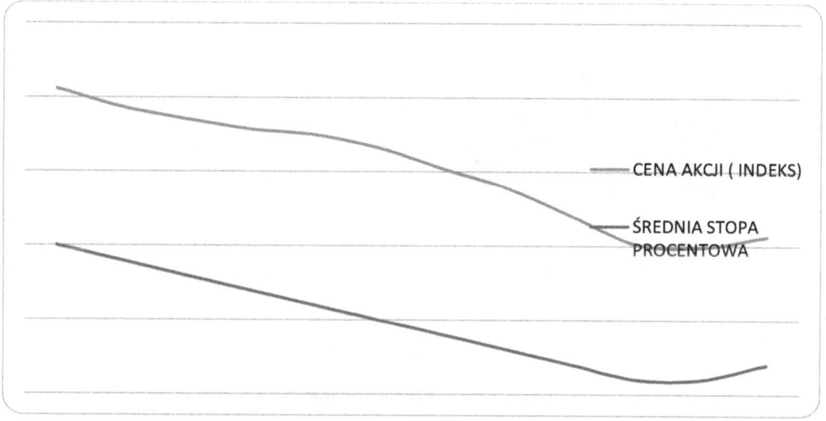

Rysunek 4. Trend pomiędzy stopą procentową nachylenia ostrego stoku a cenami akcji, 2011 r.

Analizy empiryczne dla wszystkich trzech lat (2009-2011) wykazały ujemną zależność między stopą procentową a cenami akcji. Stanowi to dowód w hipotezie tych badań i potwierdza wyniki poprzednich badań, takich jak badania przeprowadzone przez Bashir i Hassana (1997), którzy analizowali wrażliwość stóp procentowych na akcje w ZEA. Analizie poddano również dane obejmujące okres od stycznia 1990 r. do grudnia 1994 r. i przyjęto prostą technikę OLS. Wyniki wykazały, że wahania stóp procentowych mają znaczący i negatywny wpływ na zapasy sektora bankowego. Ponadto, nawet w przypadku braku oficjalnej giełdy papierów wartościowych, inwestorzy w ZEA uwzględniają czynnik oprocentowania w obrocie akcjami.

Obliczenia z tabeli 6 wyraźnie wskazują na spadek stóp procentowych i wzrost relacji cen akcji, co można było łatwo dostrzec na pierwszy rzut oka. Stopa procentowa została obniżona w wysokości 0,39 % (3,081 %/3,072), podczas gdy ceny akcji wzrosły na tej samej linii horyzontalnej wraz ze stopą procentową, ale w wysokości 4,30 % (1,016,47 %/974,53). Jest to pozytywna reakcja inwestorów i potencjalnych inwestorów na zmiany stóp procentowych.

Stabilność gospodarcza oznacza, że każdy sprawnie prowadzi swoją działalność, ale gdy tylko zmienia się stopa procentowa, zmiany te zaczynają kierować sprawami gospodarki.

Tabela 6

Stopa procentowa i cena akcji na 2012 r.

Miesiąc	Ustawa skarbowa	Bond	Średnia Stopa procentowa	Cena akcji (Indeks)	Procent
Styczeń	0.197	5.971	3.084	974.53	31%
Luty	0.195	5.949	3.072	1,016.47	30%
Marzec	0.179	5.929	3.054	1,046.88	29%
Kwiecień	0.164	5.908	3.036	1,056.10	28%
Maj	0.149	5.883	3.016	1,022.95	29%
Czerwiec	0.129	5.860	2.994	1,045.48	28%
Lipiec	0.120	5.838	2.979	1,027.78	28%
Sierpień	0.111	5.804	2.957	1,025.90	28%
Wrzesień	0.093	5.769	2.931	1,047.72	27%
Październik	0.086	5.732	2.909	1,116.27	26%
Listopad	0.076	5.691	2.883	1,133.47	25%
Grudzień	0.069	5.654	2.861	1,199.72	23%

W tabeli 6 wskazano również miesięczne obniżenie stóp procentowych w porównaniu ze wzrostem cen akcji, a każdy miesiąc dawał ujemną zmianę procentową, co oznacza, że w każdym miesiącu 2012 r. stopa procentowa była niższa, a ceny akcji wykazywały dodatni wzrost. Analiza tej zależności za pomocą tabeli 6 pokazuje, że stopa procentowa i ceny akcji na giełdzie w Ghanie mają ujemną lub odwrotną zależność. W tabeli 6 wyjaśniono poziom zmian stóp procentowych i reakcję na ceny akcji.

Informacje zawarte w tabeli 6 zostały zaczerpnięte z raportu rynkowego Giełdy Papierów Wartościowych w Ghanie i Banku Ghany za okres 2012 r. Wynik został uzyskany poprzez uwzględnienie wyliczenia średniej stopy procentowej krótko- i długoterminowej stopy procentowej (Bony i Obligacje Skarbu Państwa) za okres 2012 r. Ustalenia zawarte w tabeli 6 wyraźnie wskazują na ruch stopy procentowej, która jest poziomą linią prostą przedstawiającą zachowanie, podczas gdy ceny akcji reagowały w łagodnym nachyleniu w górę poziomą linią prostą wskazującą wpływ wahań na ceny akcji na giełdzie w Ghanie. Wahania te można przypisać tak wielu czynnikom, takim jak zmienne makroekonomiczne i niestabilność gospodarcza, które mają duży wpływ na rynek akcji w Ghanie.

Ustalenia te pokazują również wyraźnie, że za każdym razem, gdy stopy procentowe spadają, ceny akcji gwałtownie rosną. Za najgorszy okres w roku uznano styczeń 2012, w którym średnia stopa procentowa wzrosła do 3,084. Ceny akcji wynosiły 974,53, co oznacza wzrost o 31,66 % (3,048 %/974,53). Ustalenia z tabeli 6 przedstawiają dowody na potwierdzenie głównego celu tych badań i są powiązane z literaturą przedmiotu przeglądu. Pierwsze pytania badawcze koncentrowały się na efektywnej korelacji lub zależności między stopą procentową a cenami akcji na giełdzie w Ghanie, a przeprowadzona analiza wykorzystywała test przyczynowości. Analiza wskazuje na istotność statystyczną przy wartości testu przyczynowości na poziomie znaczącym 0,08 > 05 %, co oznacza, że istnieją dowody na odrzucenie hipotezy zerowej i stwierdzenie, że stopa procentowa jest istotnym czynnikiem powodującym wahania cen akcji na giełdzie w Ghanie. Liu i Shrestha (2008) badają długoterminową relację między chińskim rynkiem akcji a zmiennymi makroekonomicznymi, które obejmują kurs walutowy i stopy procentowe. Wykorzystali oni dane wtórne obu zmiennych od stycznia 1992 r. do grudnia 2001 r. i zastosowali test współdziałania heteroskedastycznego na powyższych zmiennych. . Wyniki tego badania wskazują, że w przypadku chińskich indeksów giełdowych, stopy procentowe i kursy wymiany walut mają negatywny wpływ na ceny akcji.

Z ustaleń zawartych w tabeli 6 wynika, że przy miesięcznych spadkach średnich stóp procentowych ceny akcji rosły, ale z różnymi marżami. Na przykład w styczniu 2012 r. średnie stopy procentowe spadły z 3,084 do 3,072, ale w tym samym okresie (od stycznia do lutego) ceny akcji wzrosły ponad dwukrotnie z 974 do 1,016, co stanowiło wzrost o 4,31% (1,016%/ 974). Pokazuje to, jak bardzo ceny akcji są wrażliwe na zmienne makroekonomiczne. Tabela 6 może być przedstawiona w formie wykresu (patrz rys. 5).

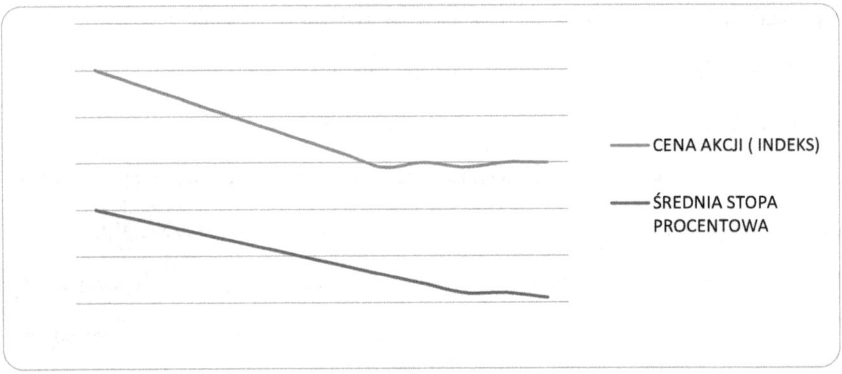

Rysunek 5. Trend pomiędzy stopą procentową nachylenia ślizgów a cenami akcji, 2012

Rysunek 4 przedstawia również ujemną zależność pomiędzy średnimi stopami procentowymi a cenami akcji. Równanie liniowe dla stopy procentowej i rynku akcji wykazało wartość ujemną, co wyraźnie wskazuje na ujemną zależność między tymi dwoma zmiennymi. Linia cen akcji na wykresie znajduje się znacznie powyżej linii średnich stóp procentowych, co wskazuje na ich odwrotną zależność. Dlatego też inwestorzy muszą brać pod uwagę stopę procentową za każdym razem, gdy myślą o inwestowaniu na giełdzie. Drugie pytanie badawcze koncentrowało się na dodatniej i ujemnej relacji stóp procentowych i cen akcji. Analizę przeprowadzono za pomocą testu statystycznego autokorelacji z wykorzystaniem testu Durbin Watsona. Hipoteza ta okazuje się statystycznie istotnie ujemna przy wartości DW wynoszącej 0,83 > 05 % Istotny poziom, co oznacza, że nie akceptujemy hipotezy zerowej i tym samym odrzucamy ją i stwierdzamy brak autokorelacji w danych. Wyniki tych badań dostarczyły dowodów do przeglądu literatury teoretycznej. Było to możliwe, ponieważ w badaniach przeprowadzonych przez Francję, Schwert, & Stambaugh (1987) stwierdzono, że istnieje negatywna zależność między zyskami z akcji a zarówno długoterminową, jak i krótkoterminową stopą procentową.

Tabela 7 przedstawia najnowsze obliczenia wyjaśniające poziom zmian stóp procentowych i reakcję cen akcji na te zmiany. Wyniki przedstawione w tabeli 7 służą jako dowód na to, jak zmienne makroekonomiczne wpływają na rynek giełdowy w każdym przypadku wystąpienia zmienności. Zróżnicowanie stóp procentowych stwierdzone w analizie z roku poprzedniego było jednym z najważniejszych

Tabela 7

Stopa procentowa i cena akcji na 2013 r.

Miesiąc	Ustawa skarbowa	Bond	Średnia Stopa procentowa	Cena akcji (Indeks)	Procent
Styczeń	0.066	5.619	2.842	1,270.72	22%
Luty	0.078	5.581	2.829	1,482.26	19%
Marzec	0.093	5.554	2.823	1,733.47	16%
Kwiecień	0.101	5.523	2.812	1,800.66	16%
Maj	0.110	5.488	2.799	1,884.26	15%
Czerwiec	0.115	5.452	2.783	1,880.26	15%
Lipiec	0.124	5.418	2.771	1,936.29	14%
Sierpień	0.131	5.383	2.757	1,989.55	14%
Wrzesień	0.131	5.357	2.744	2,030.96	14%
Październik	0.135	5.331	2.733	2,099.88	13%
Listopad	0.141	5.299	2.720	2,123.75	13%
Grudzień	0.127	5.275	2.701	2,145.20	13%

problemy, z którymi boryka się większość krajów Afryki Subsaharyjskiej, z których Ghana nie może być zwolniona. Dlatego też badania te miały na celu ustalenie, co dzieje się z rynkiem akcji w przypadku zmiany tych zmiennych makroekonomicznych. Tabela 7 wyraźnie pokazuje, że zmiany stóp procentowych mają optymistyczny wpływ na ceny akcji, ponieważ wraz ze spadkiem stóp procentowych ceny akcji rosną, ale w przeciwnym kierunku, co wskazuje na ujemną zależność. Dlatego też, aby zmiany stóp procentowych miały pozytywny lub negatywny wpływ na ceny akcji, będzie to zależało od sytuacji gospodarczej w danym kraju w tym konkretnym okresie.

Z ustaleń przedstawionych w tabeli 7 wynika, że w roku 2013 wystąpiła ogólna zmienność średniej stopy procentowej na poziomie 5,22 % (2,84 % / 2,70 %), a reakcja na zmianę wyników giełdowych w tym samym odcinku wyniosła 45 % przy wzroście kursu z 1 270,72 do 2 145,20, co stanowi odchylenie 874,48 % (874,48 % / 2 145,20 %). Wyniki pokazują, że średnie stopy procentowe za styczeń 2013 r. wynosiły 2,84%, a do grudnia 2013 r. średnie stopy procentowe spadły do 2,701%, przy wzroście kursu akcji z 1 270,72 do 2 145,20 w grudniu 2013 r. Dane w tabeli 7 wyraźnie pokazują, że wahania procentowe zmniejszyły się z 22% do 13%, co wpłynęło pozytywnie na wzrost cen akcji do 2 145,20 w grudniu 2013 r.

Obliczone tabele i wykres (zob. rys. 6) ogółem wskazują, że jednym z głównych wyznaczników ghańskiej giełdy jest stopa procentowa. Stopy procentowe mają negatywny związek z cenami akcji, na co inwestorzy muszą zwracać uwagę. Pierwsze pytanie badawcze skoncentrowane na korelacji współczynnikowej lub relacji pomiędzy stopą procentową a cenami akcji analizowano przy użyciu zwykłej regresji o najmniejszej kwadratowości. Analiza wykazała ujemną korelację lub zależność, która wynosi -1,48% na poziomie 5% istotności, co oznacza, że jednostkowy lub procentowy wzrost stopy procentowej doprowadziłby do przybliżonego spadku cen akcji, natomiast jednostkowy lub procentowy spadek stopy procentowej doprowadziłby do aprecjacji cen akcji o -1,48%.

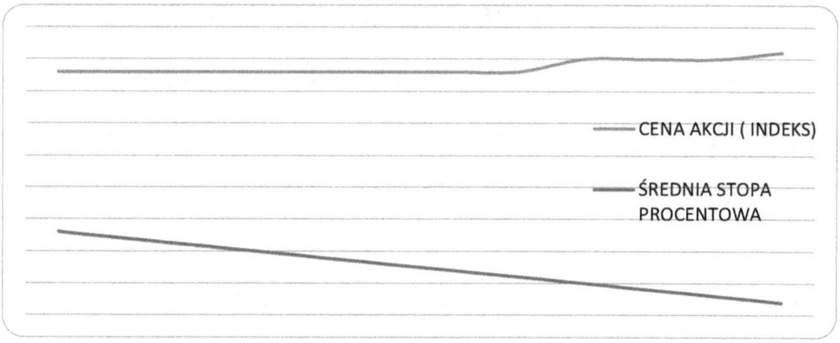

Rysunek 6. Relacja w kształcie litery V pomiędzy stopą procentową a cenami akcji.2013

Powyższe ustalenia potwierdzają badanie Chutanga i Kumary (2009), w którym zbadano zachowanie się nominalnych i realnych stóp procentowych na podstawie miesięcznej całkowitej stopy zwrotu 35 indeksów branżowych i 10 indeksów sektorowych, a także czterech finansowych indeksów czasowych. Wyniki regresji liniowej w badaniu Chutanga i Kumary wykazały, że zmiany stóp procentowych są istotnymi determinantami zmienności stóp procentowych, a wszystkie branże poza leśnictwem i sektorami papierniczymi oraz portfelami rynkowymi są negatywnie powiązane ze zmianami stóp procentowych.

Ponadto średnia różnica w wysokości stóp procentowych wykazuje różnicę w wysokości 5,22 % w 2013 r., co dało pozytywne reakcje na obrót akcjami na giełdzie w tym roku. Wyniki badań pokazały, że rok 2013 był silnym sygnałem dla pozytywnego obrotu na giełdzie, ponieważ stopy procentowe były bardzo wysokie. Wielu inwestorów handlujących bonami i obligacjami skarbowymi przeniosło swoje inwestycje na rynek akcji, ponieważ istnieje odwrotna zależność pomiędzy tymi dwoma zmiennymi ekonomicznymi.

Wreszcie, ścisła obserwacja z analizy danych z 5,22% luką w obniżce stóp procentowych w 2013 r. wykazała, że ceny akcji reagują na bardzo niewielkie zmiany średnich stóp procentowych, co powoduje albo pozytywną, albo negatywną reakcję na te zmiany. Ruch ten jest wskaźnikiem wyników giełdy w Ghanie, który służy również jako wskazówka dla inwestorów i analityków całej gospodarki. Dlatego też cała gospodarka powinna być wrażliwa na wahania stóp procentowych i ich skutki wewnątrz kraju. Pierwsze pytanie badawcze koncentrowało się na efektywnej korelacji lub relacji pomiędzy stopą procentową a cenami akcji i było analizowane przy użyciu zwykłej regresji o najmniejszym kwadratu. Wyniki wskazują na ujemną korelację lub zależność, która wynosi -1,48% przy 5% poziomie istotności, co oznacza, że jednostkowy lub procentowy wzrost stopy procentowej doprowadziłby do spadku cen zapasów w przybliżeniu, podczas gdy jednostkowy lub procentowy spadek stopy procentowej doprowadziłby do aprecjacji cen zapasów o-1,48%.

Wyniki badań lub analizy empiryczne pozytywnie korelują z przeglądem literatury empirycznej. Według Mohammeda, Sallahuddina, Hassana i Khairuzzamy (2013 r.) zmiany stóp procentowych mają istotny negatywny związek ze zmianami cen akcji. W badaniu Mohammeda i in. zalecono, że jeśli stopy procentowe będą kontrolowane w tych krajach, największe korzyści przyniesie giełdzie papierów wartościowych sposób na przyciągnięcie popytu w postaci większych inwestycji na rynku akcji, a podaż - sposób na zwiększenie inwestycji przedsiębiorstw. Badania Mohammeda i wsp. dodały również, że te dwie zmienne makroekonomiczne mają odwrotną zależność, co oznacza, że działają w przeciwnym kierunku. W związku z tym przed podjęciem decyzji inwestycyjnej inwestorzy muszą rozważyć zmianę stóp procentowych. Rynek akcji powinien również uwzględniać stopy procentowe i inne zmienne ekonomiczne, zanim będzie można skutecznie działać na rynku. Ustalenia przedstawione w tabeli 7 są również przedstawione na rysunku 6.

Wyniki lub ustalenia można analizować dalej, analizując dane przedstawione na wykresie 6, który wskazuje, że gdy ceny akcji są wysokie, stopy procentowe są niskie i odwrotnie, gdy ceny akcji są niskie. Rysunek 6 pokazuje również, że przy cenie akcji wynoszącej 2 145,20, średnia stopa procentowa wynosi 2,70%, co pokazuje, że ceny akcji i stopa procentowa działają w przeciwnym kierunku. Odwrotna zależność wynikała z pozytywnej reakcji cen akcji na obniżenie stóp procentowych. Analiza danych; wskazuje, że ceny akcji zmieniały się w ciągu całego roku 2013 i wynikało to z wahań średniej stopy procentowej w tym samym okresie. Badania te wyraźnie wskazują, że jeśli jest coś, o czym inwestorzy powinni myśleć przed podjęciem decyzji inwestycyjnych, to są to stopy procentowe. Widok obrazowy na rysunku 6 pokazuje również linię cen akcji, która znajduje się na szczycie linii średnich stóp procentowych, przedstawiając ich relacje. Przeprowadzona w tym badaniu analiza pięcioletnia wyraźnie pokazuje, że średnie zainteresowanie i ceny akcji mają ujemną relację. Ta sama zależność może być oceniona przy użyciu analizy regresji, jak wskazano w metodologii badań. Analizy te zostały przedstawione w kolejnych sekcjach.

Jednostkowe testy korzeniowe

Wyniki testu jednostkowej wartości wyjściowej DF (tabela A1) pokazują, że dane szeregów czasowych zarówno dla objaśniających zmiennych stóp procentowych, jak i dla zmiennych cen akcji w odpowiedzi mają jednostkę wyjściową dla pierwszej regresji, ponieważ statystyka testowa każdej zmiennej jest większa niż 1% i 5% wartości krytycznej na znaczącym poziomie odrzucającym hipotezę zerową. Dane pokazują stacjonarne szeregi czasowe, które nie generują błędnych wyników dla zwykłego modelu regresji najmniejszego kwadratu. Testy na pierwiastkach jednostkowych zostały przeprowadzone na zmiennych w celu ustalenia ich stacjonarności, aby określić, które oszacowanie regresji byłoby najbardziej odpowiednie. Test pierwiastka jednostkowego dla stóp procentowych wykazuje wartość P wynoszącą 0,6933, która jest większa niż 5%. Drugie pytanie badawcze, koncentrujące się na analizie korelacji między stopą procentową a cenami akcji, zostało przeanalizowane przy pomocy

Test korzeniowy Dicky-fuller Unit. Wyniki wskazują na statystycznie dodatnią korelację z wartością $P > 05$ poziomu istotności, co wskazuje na istnienie dowodów na odrzucenie hipotezy zerowej i stwierdzenie, że istnieje związek między stopą procentową a cenami akcji.

Regresja najmniejszych kwadratów (Least Squares)

Na podstawie powyższego oszacowano najmniejszą regresję kwadratową z ceną akcji jako zmienną zależną i stopą procentową jako zmienną niezależną. Zmienne zostały przekształcone w ich naturalne formy logarytmiczne. Uzyskano następujący wynik: Pobieranie próbek z węzłów chłonnych (LNS) = 8,6835 - 1,4756LNI + e. Oznacza to, że istnieje ujemna zależność między cenami akcji a stopami procentowymi. Jednostkowy lub procentowy wzrost stóp procentowych doprowadziłby do spadku cen zapasów o około 1,48 %, natomiast jednostkowy lub procentowy spadek stóp procentowych doprowadziłby do aprecjacji cen zapasów o 1,48 %. Można to wytłumaczyć tym, że gdy stopy procentowe wzrosną, ludzie będą woleli inwestować na rynku skarbowym, odsuwając w ten sposób środki z rynku giełdowego. Spadek popytu na zapasy przy danej podaży spowoduje spadek cen zapasów. Odwrotnie jest w przypadku spadku stóp procentowych. Pierwsze pytanie badawcze skoncentrowane na relacji pomiędzy stopą procentową a cenami akcji zostało przeanalizowane przy użyciu zwykłej regresji o najmniejszym kwadratu. Analiza wskazuje na ujemną korelację lub zależność, która jest ujemna (-1,48%) na poziomie 5% znaczących, co oznacza, że jednostkowy lub procentowy wzrost stopy procentowej doprowadziłby do przybliżonego spadku cen akcji, podczas gdy jednostkowy lub procentowy spadek stopy procentowej doprowadziłby do aprecjacji cen akcji o wartość ujemną (-1,48%).

Z powyższej analizy wynika, że istnieje negatywna relacja między stopami procentowymi a cenami akcji na giełdzie w Ghanie. Wynik zwykłej regresji najmniej kwadratowej (tabela 2) pokazuje, że R i R2 modelu reprezentują niskie wartości. Odpowiednio, 0,1018 modelu wskazuje, że zmienna objaśniająca stanowi 10,18 % zmiany zmiennej zależnej. Podobnie R2; skorygowany R2 jest również niski. Porównując R2 i skorygowane R2 modelu, różnica jest stosunkowo niewielka. Wskazuje to, że wpływ zmiennej objaśniającej na R2 jest niewielki, podczas gdy współczynniki modelu wykazują wartość ujemną wyjaśniającą ich związek. Patrz załącznik (tabela A2).

Test autokorelacji

Wynik testu autokorelacji w tabeli A3 w dodatku wskazuje na istnienie autokorelacji w pierwszych dwóch opóźnieniach. Od trzeciego opóźnienia, autokorelacja nie jest obecna w danych. Obecność autokorelacji w pierwszych dwóch opóźnieniach może wynikać z faktu, że model szacuje wpływ na ceny akcji za pomocą jednej zmiennej - stopy procentowej. Drugie pytanie badawcze, koncentrujące się na relacji stóp procentowych i cen akcji, zostało przeanalizowane za pomocą testu statystycznego autokorelacji z wykorzystaniem testu Durbin Watsona. Analiza wskazuje, że istotność statystyczna jest ujemna przy wartości DW wynoszącej 0,83 > 05 % poziomu istotności, co oznacza, że istnieją dowody na odrzucenie hipotezy zerowej i stwierdza brak autokorelacji w danych. W celu wykrycia autokorelacji stosuje się test statystyczny Durbin Watsona z hipotezą: Ho: p = 0. Nie ma żadnej dodatniej ani ujemnej autokorelacji. Ha: p ≠ 0: nie ma pozytywnej ani negatywnej autokorelacji. Patrząc na wartość Durbin Watsona wynoszącą 0,831920 przy znaczącej wartości 0,05, która wynosi 5 % i liczbie zmiennej k = 1, w tabeli A3 uzyskano T3 = 1,7 współczynnika. Można to podsumować w następujący sposób: Ponieważ wartość DW' tabeli (T3), to Ho jest odrzucana. Wartość 0,831920'1,7 współczynnika, więc Ho jest odrzucany lub nie ma autokorelacji. Na podstawie powyższego stwierdzenia można wyciągnąć wnioski, że brak jest autokorelacji w danych.

Podsumowanie wyników

Pierwsze pytanie badawcze, koncentrujące się na efektywnej korelacji lub relacji pomiędzy stopą procentową a ceną akcji, analizowano za pomocą zwykłej regresji o najmniejszym kwadratu. Analiza wykazała istnienie ujemnej korelacji lub zależności, która jest ujemna (-1,48%) na poziomie 5% istotności, co oznacza, że jednostkowy lub procentowy wzrost stopy procentowej doprowadziłby do przybliżonego spadku cen akcji, podczas gdy jednostkowy lub procentowy spadek stopy procentowej doprowadziłby do aprecjacji cen akcji o wartość ujemną (-1,48%).

Drugie pytanie badawcze, koncentrujące się na korelacji pomiędzy stopą procentową a cenami akcji, analizowano za pomocą testu Dicky-fuller Unit Root. Hipoteza ta wskazywała na statystycznie dodatni związek z wartością P > 05 poziomu istotności, co wskazuje na istnienie dowodów na odrzucenie hipotezy zerowej i stwierdzenie, że stopa procentowa odnosi się do cen akcji.

To badanie pokazuje wyraźnie, że zarówno analiza obrazowa i wykresowa stóp procentowych, jak i relacja z cenami akcji mają negatywny związek. W ramach analiz szczegółowo zbadano czynniki, które doprowadziły do powstania tych negatywnych zależności i stwierdzono, że głównymi czynnikami determinującymi są wahania stóp procentowych i innych zmiennych makroekonomicznych. Analizy obrazowe i graficzne danych z pięciu lat (2009-2013) wyraźnie pokazują, że stopy procentowe i ceny akcji są ze sobą negatywnie powiązane. Dlatego też inwestorzy, w każdym momencie swojej decyzji inwestycyjnej, muszą uwzględniać te zmienne makroekonomiczne. Pięcioletnie analizy podsumowujące wyniki i ustalenia można zobaczyć na rysunku 7.

Podsumowanie wyników badań i ustaleń oraz danych przedstawionych na rysunku 7 pokazuje, że stopy procentowe mają ujemną korelację z cenami akcji. To streszczenie wyników i ustaleń z tych badań jest również przedstawione przy użyciu analiz regresji do oceny relacji między stopą procentową a cenami akcji. Zwykła regresja najmniej kwadratowa została oszacowana na podstawie cen akcji jako zmiennej zależnej oraz stopy procentowej jako zmiennej niezależnej. Zmienne zostały przekształcone w ich naturalne formy logarytmiczne. Poniższy wynik to ceny akcji i stopy procentowe. Jednostkowy lub procentowy wzrost stóp procentowych doprowadzi do ich uzyskania: LNS = 8,6835 - 1,4756LNI + e. Oznacza to, że istnieje ujemna zależność między cenami akcji

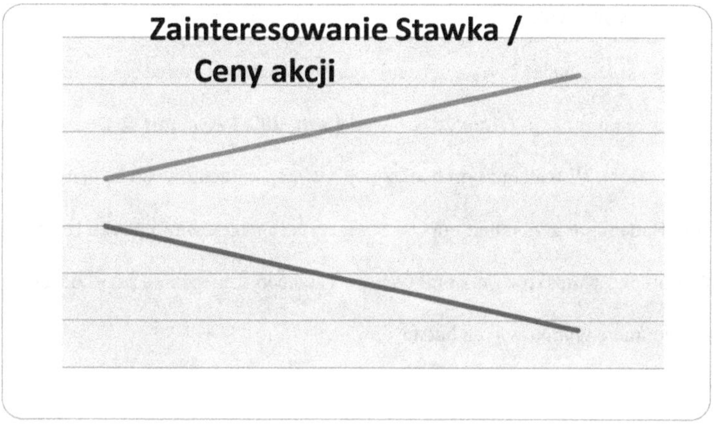

Rysunek 7. Prosta linia V-kształtna relacja pomiędzy stopą procentową a cenami akcji, 2009-2013

i stopy procentowe. Jednostkowy lub procentowy wzrost stóp procentowych doprowadzi do spadku cen akcji o około 1,48%, natomiast jednostkowy lub procentowy spadek stóp procentowych doprowadzi do aprecjacji cen akcji o 1,48%. Można to wytłumaczyć faktem, że w przypadku wzrostu stóp procentowych ludzie woleliby inwestować na rynku skarbowym, odsuwając w ten sposób środki z rynku giełdowego. Spadek popytu na zapasy, biorąc pod uwagę podaż, spowoduje spadek cen zapasów. Odwrotnie jest w przypadku spadku stóp procentowych.

Rozdział 5 - Wnioski i zalecenia

Przeprowadzono kilka badań w celu znalezienia zależności między zmiennymi makroekonomicznymi a cenami akcji. (Anokye & Tweneboah, 2008; Aydemir & Demirehan, 2009; Yartey & Adjasi, 2007). W badaniu tym badano wpływ stóp procentowych na ceny akcji na giełdzie w Ghanie. Badania te generalnie odpowiadają celom i zamierzeniom tego badania. Dyskusja na temat wyników, wniosków oraz praktycznych zaleceń i zaleceń na przyszłość ma jednak na celu dalszą poprawę wyników tych badań.

Podsumowanie wyników

Problemem, na którym oparto to badanie, są wahania stóp procentowych w Ghanie i ich wpływ na ceny akcji na giełdzie w Ghanie. Stanowi to problem badawczy, ponieważ stopy procentowe są regulowane przez działania rządu i banku centralnego. Rząd służy jako pożyczkobiorca środków od ogółu społeczeństwa poprzez emisję instrumentów krótkoterminowych (bonów skarbowych). Gdy wystawiane są bony skarbowe, automatycznie podnoszą one stopy procentowe i na odwrót. Badanie to jest znaczące pod wieloma względami. Stopa procentowa jako pojedyncza zmienna makroekonomiczna jest obszarem, który nie został odpowiednio zbadany w Ghanie. Istnieją również pewne zmienne makroekonomiczne, które nie zostały odpowiednio zbadane. Obejmują one stopę procentową w stosunku do kursu wymiany, kurs wymiany w stosunku do deprecjacji waluty oraz stopę procentową w stosunku do inflacji i ich związek z cenami akcji. Badanie Yarteya i Adżasi (2007) posłużyło jako dowód literaturowy dla tych badań, ponieważ model EGARCH był używany do analiz i danych miesięcznych od stycznia 1951 roku do czerwca 2005 roku, czyli przez okres 54 lat. W badaniu tym zastosowano zwykły model najmniejszego kwadratu oraz dane miesięczne z lat 2009-20013, czyli z okresu pięciu lat. Jednakże analiza potwierdza istnienie negatywnej korelacji lub zależności w obu badaniach i w związku z tym stwierdza, że zmienność cen akcji wynikała z wahań stóp procentowych, które są charakterystyczne dla każdego badania.

Jedno z niewielu badań nad stopami procentowymi i wpływem na ceny akcji zostało przeprowadzone przez Yartey'a i Adżasi'ego (2007). Autorzy analizowali wpływ wahań stóp procentowych i ich wpływu na giełdę w Ghanie. Dane miesięczne obejmowały okres 1951:1 - 2005:6. Do określenia i prognozowania wariancji wykorzystano model EGARCH. Stwierdzono wówczas, że zmienność stopy zwrotu z akcji nie jest jedynym skutkiem zmienności stóp procentowych, ale że wpływają na nią również inne czynniki makroekonomiczne. Wydaje się to być zgodne z wynikami badań. Jednak w swoich badaniach Yartey i Adżasi (2007) zastosowali model EGARCH, który przeprowadził rzeczywistą ocenę skutków, podobnie jak modele stosowane w tych badaniach. Co więcej, wyniki wykazały odwrotną zależność między zmiennością stóp procentowych a zwrotami na giełdzie. Ponownie, końcowe ustalenia dostarczyły wynik zbliżony do wyników tych badań. Istnieją istotne statystycznie pytania badawcze, które zostały postawione przez hipotezy z analizy, w których zastosowano test autokorelacji i przyczynowości. Analiza wykazała statystycznie istotny wynik ujemny z wartością DW powyżej 5 % poziomu istotności, co oznacza, że istnieją dowody na odrzucenie hipotezy zerowej i stwierdza, że w wykorzystanych danych brak jest autokorelacji. Hipoteza testu przyczynowości zapewnia jednak statystycznie istotny wynik z wartością przyczynowości powyżej poziomu istotności .05 %, co oznacza, że istnieją dowody na odrzucenie hipotezy zerowej i stwierdza, że stopa procentowa jest istotnym czynnikiem powodującym wahania cen akcji Ghany. Z badań jasno wynika, że zarówno w analizie obrazowej i wykresowej stopy procentowe, jak i związek z cenami akcji przedstawiały ujemną zależność. W ramach analiz szczegółowo zbadano czynniki, które doprowadziły do powstania tej negatywnej zależności, a badania wykazały, że głównymi czynnikami determinującymi są wahania stóp procentowych i innych zmiennych makroekonomicznych, takich jak inflacja. Cała analiza obrazowa i wykresowa danych z pięciu lat (2009-2013) wykazała, że stopy procentowe i ceny akcji są ze sobą negatywnie powiązane. Dlatego też inwestor w każdym momencie swojej decyzji inwestycyjnej musi uwzględnić te zmienne makroekonomiczne. Analiza wskazuje na istnienie zależności między stopą procentową a cenami akcji na giełdzie w Ghanie, dlatego też zarządzający inwestycjami, zarządzający funduszami, zarządzający funduszami wzajemnymi, zarządzający funduszami emerytalnymi dla narodów oraz zarządzający prywatnymi funduszami emerytalnymi muszą być świadomi znaczenia statystycznego oraz hipotetycznej ujemnej korelacji, jaka istnieje między stopą procentową a cenami akcji. Badanie to wspiera również literaturę autorstwa Mohammeda i in.(2013), w której stwierdzono, że jeśli stopy procentowe będą kontrolowane w tych krajach, to największą korzyścią dla giełdy będzie zwiększenie inwestycji na rynku akcji poprzez stymulowanie popytu i podaży.

Podsumowanie wyników i ustaleń tych badań zostało jasno przedstawione przy użyciu analiz regresji do oceny zależności między stopami procentowymi a cenami akcji. Najmniejsza regresja kwadratowa została oszacowana na podstawie ceny akcji jako zmiennej zależnej oraz stopy procentowej jako zmiennej niezależnej. Zmienne zostały przekształcone w ich naturalne formy logarytmiczne. Uzyskany wynik był: LNS = 8,6835 - 1,4756LNI + e. Oznacza to, że istnieje ujemna zależność między cenami akcji a stopami procentowymi. Jednostkowy lub procentowy wzrost stóp procentowych doprowadziłby do spadku cen zapasów o około 1,48 %, natomiast jednostkowy lub procentowy spadek stóp procentowych doprowadziłby do aprecjacji cen zapasów o 1,48 %. Można by to wytłumaczyć tym, że gdy stopa procentowa wzrasta, ludzie woleliby inwestować na rynku skarbowym, odsuwając w ten sposób środki z rynku giełdowego. Spadek popytu na zapasy, biorąc pod uwagę podaż, spowoduje spadek cen zapasów. Odwrotnie jest w przypadku spadku stóp procentowych. Badania te wspierają literaturę Chutanga i Kumary (2009), którzy badali zachowanie się nominalnych i realnych stóp procentowych na podstawie miesięcznej całkowitej stopy zwrotu 35 indeksów branżowych i 10 indeksów sektorowych oraz czterech finansowych indeksów czasowych. Wyniki regresji liniowej wykazały, że zmiany stóp procentowych są istotnymi czynnikami warunkującymi zmienność stóp procentowych, a wszystkie branże, poza leśnictwem, sektorami papierniczymi i portfelami rynkowymi, są negatywnie powiązane ze zmianami stóp procentowych.

Omówienie wyników

Empiryczne analizy zmian procentowych, przedstawione na wykresie 3, ujawniły jeden z głównych problemów ghańskiej giełdy papierów wartościowych, a w tym kontekście gospodarki Ghany w zakresie wahań stóp procentowych. Dlatego też inwestorzy i potencjalni inwestorzy muszą zwracać szczególną uwagę na tę zmienną makroekonomiczną przy podejmowaniu decyzji inwestycyjnych. Chociaż relację między stopami procentowymi a cenami akcji można było uzyskać na podstawie obliczeń przedstawionych w tabeli 5, na podstawie tej analizy nie można podjąć poważnej decyzji, ponieważ od września 2011 r. ceny akcji gwałtownie spadły ze względu na stopy procentowe i inne zmienne makroekonomiczne. Analiza ta wspiera również przeglądaną literaturę. Odkryte w studium badawczym Kurihary i Nezu (2006 r.), że istnieje niewielka zależność między cenami akcji a stopami procentowymi, ponieważ Japonia zastosowała bezprecedensowe złagodzenie polityki pieniężnej w celu obniżenia stóp procentowych, co zmniejszyło wpływ na ceny akcji.

Z ustaleń i wyników badania wynika, że w oparciu o pytania badawcze hipoteza ustaliła istotne statystycznie wartości testu przyczynowości na poziomie znaczącym 0,08 > 05 %, co oznacza, że nie akceptujemy hipotezy zerowej, a zatem ją odrzucamy i stwierdzamy, że stopa procentowa odnosi się do cen akcji giełdy w Ghanie. Wyniki badania przyczynowości Grangera zostały przedstawione w analizie. Wynik wskazuje na istnienie dwukierunkowej przyczynowości pomiędzy stopą procentową a ceną akcji. Przy 5% poziomie znaczącym można odrzucić hipotezę zerową, że stopa procentowa nie powoduje wzrostu cen akcji i stwierdza, że stopa procentowa Granger powoduje wzrost cen akcji. Jednak hipoteza zerowa nie może zostać odrzucona, że ceny akcji nie powodują wzrostu oprocentowania. Istnieje zatem jednokierunkowa przyczynowość przechodząca od stóp procentowych do cen akcji. Innymi słowy, stopy procentowe są jednym z istotnych czynników w zmiennych dotyczących cen akcji. Ustalenia te potwierdzają wyniki Nishat i Shaheen (2004 r.), w których stwierdzono związek przyczynowy między stopami procentowymi cen piasku na giełdzie.

Wnioski i zalecenia praktyczne

Wreszcie, w ocenie relacji między średnią stopą procentową a cenami akcji na giełdzie w Ghanie, w ramach badania przeprowadzono analizę obrazową, wykresową i regresyjną. Z analizy obrazowej i graficznej badań wynika, że najważniejszym czynnikiem warunkującym niestabilność cen akcji giełdy w Ghanie są wahania stóp procentowych i inne czynniki makroekonomiczne. Analiza wykazała jednak, że istnieje negatywna zależność między tymi dwoma zmiennymi ekonomicznymi. Wspierając literaturę francuską, Schwert & Stambaugh (1987) stwierdził, że istnieje negatywna zależność między stopami zwrotu z akcji a zarówno długoterminowymi, jak i krótkoterminowymi stopami procentowymi.

Dlatego też inwestorzy na giełdzie w Ghanie muszą rozważyć stopy procentowe przed podjęciem decyzji inwestycyjnych. Jest to kolejny obszar budzący niepokój, który giełda w Ghanie musi krytycznie obserwować, ponieważ dzięki takim danym jak dane z 2011 roku naiwny inwestor będzie miał trudności z badaniem działalności rynkowej. Nawet obecni i potencjalni inwestorzy nie byliby w stanie zbadać podobnej działalności rynkowej, a to doprowadzi nawet do nieefektywnego funkcjonowania rynku. Hipoteza ta prowadzi więc do ograniczonej dostępności informacji dostępnych na rynku. Potwierdza to założoną przez Lamę (1981) hipotezę efektywnego rynku, zgodnie z którą w danym okresie i na płynnym rynku ceny papierów wartościowych w pełni odzwierciedlają wszystkie dostępne informacje.

Działalność lub informacje na giełdzie powinny być takie, aby każda osoba mogła mieć dostęp do tych informacji w dowolnym momencie i przeprowadzić ich analizę. Dlatego też inwestorzy muszą być wrażliwi na zmiany stóp procentowych w gospodarce, ponieważ zmiany stóp procentowych determinują system ustalania cen na giełdzie w Ghanie. Dostępność informacji na giełdzie musi być również efektywna, ponieważ inwestorzy i potencjalni inwestorzy będą dobrze poinformowani, jeśli informacje będą dostępne na giełdzie. Skuteczna informacja na rynkach giełdowych daje również równy dostęp do wszystkich uczestników rynku giełdowego. Potwierdza to założoną przez Lamę (1981) hipotezę efektywnego rynku, zgodnie z którą w danym okresie i na płynnym rynku ceny papierów wartościowych w pełni odzwierciedlają wszystkie dostępne informacje.

W przeprowadzonej analizie regresji wykorzystano dane szeregów czasowych związane ze stopami procentowymi i cenami akcji. Wpływ oprocentowania bonów skarbowych na ceny akcji został uznany za istotny statystycznie. Wynik ten był oczekiwany, ponieważ w modelu obecna była duża liczba zmiennych makroekonomicznych (takich jak stopa procentowa, stopa inflacji i kurs walutowy), które wpływają na wartość akcji na giełdzie w Ghanie. Zależność między tymi dwoma zmiennymi była ujemna, a wpływ stóp procentowych na ceny akcji okazał się zgodny z istniejącą literaturą. Yartey i Adżasi (2007) zaobserwowali ujemną relację między stopą procentową a cenami akcji. Inwestorzy i giełda w Ghanie, podejmując decyzje inwestycyjne, muszą być świadomi związku, jaki istnieje między tymi dwoma zmiennymi ekonomicznymi (stopą procentową i ceną akcji). Znaczenie statystyczne tych zmiennych ekonomicznych jest również okazją dla ogółu społeczeństwa do podjęcia decyzji inwestycyjnych, jak również do alokacji kapitału i analizy ryzyka lub zarządzania ryzykiem, a giełda w Ghanie do zbadania rentowności dzięki wiedzy na temat działających zmiennych ekonomicznych lub podjęcia szybkiej analizy zmienności cen dla celów zysku kapitałowego.

Zalecenia dotyczące dalszych badań

Chociaż w badaniu tym przetestowano niezależne i zależne od siebie zmienne, takie jak ustawa skarbowa, stopy procentowe i ceny akcji, to jednak nie zbadano jeszcze niewyczerpanej liczby zmiennych makroekonomicznych dotyczących indeksu giełdowego. Według Fishera (1930 r.) oczekiwany wpływ na nominalne stopy procentowe aktywów finansowych powinien przenieść się wraz ze stopą inflacji jeden do jednego. Ponadto oczekuje się, że zmiany zarówno krótko-, jak i długoterminowych stóp procentowych wpłyną na stopę dyskontową w tym samym kierunku poprzez ich wpływ na stopę nominalną wolną od ryzyka (Mukherjee & Naka, 1995). W związku z tym oczekuje się, że stopy procentowe będą miały negatywny wpływ na zyski rynkowe, czy to poprzez wpływ czynników inflacyjnych, czy też dyskontowych. Dalsze badania w tym zakresie mogą okazać się istotne dla wyjaśnienia wpływu oprocentowania bonów skarbowych i cen akcji. Dalsze badanie może również zbadać wpływ różnych zmiennych, takich jak stopa procentowa w stosunku do kursu wymiany oraz kurs wymiany w stosunku do deprecjacji waluty, na ceny akcji na giełdzie w Ghanie. Teoretycznie można przyjąć, że relacja między kursami walutowymi i zapasami jest albo dodatnia - deprecjacja waluty powoduje, że lokalne firmy są bardziej agresywne, co prowadzi do wzrostu eksportu i w konsekwencji do wzrostu cen akcji; albo ujemna. Gdyby produkcja była uzależniona od wysiłku importera, koszt produkcji wzrósłby w wyniku deprecjacji waluty, a tym samym zmniejszyłaby się rentowność i spowodowałaby spadek zwrotów z zapasów oraz słabą relację lub jej brak (Alam & Uddin, 2009). W tym badaniu wykonano test DF Unit Root Test, zwykłą regresję najmniej kwadratową i autokorelację oraz test Causality. W celu dokonania przeglądu tego samego tematu można by przyjąć odmienną metodologię i podejście regresji, co umożliwiłoby porównanie wyników.

Referencje

Abugri, B. A. (2008). Empiryczna zależność między zmiennością makroekonomiczną a rentownością akcji: Dowody z rynków Ameryki Łacińskiej. *International Review of Financial Analysis, 17*, 396-410.

Abdullah, D. A., & Haywork, S. C. (1983). Makroekonometria wahań cen akcji. *Journal of Business and Economics, 32*(1), 49-63.

Anokye, M. A., & Tweneboah, G. (2008). *Czynniki makroekonomiczne i ruch na giełdzie: Dowody z Ghany*. MPRA Paper No.11256: Monachium: Monachijskie osobiste archiwa RePEc.

Aggarwal, R. (1981). Kurs walutowy i ceny akcji. Badanie amerykańskiego rynku kapitałowego w oparciu o zmienne kursy walutowe. *Akron Business and Economic Review, 12*(2),7-12.

Ahma, E., Ihsan, M., & Sahia. (2007). Związek zmiennych ekonomicznych i finansowych z zachowaniem się cen akcji. *Journal Economics Cooperation, 28*(2), 1-24.

Ahmed, M. A., Rehman, R. U., & Raoof, A. (2010). Czy stopa procentowa, kursy walutowe wpływają na zwrot z akcji? Pakistańska perspektywa. *International Research Journal of Finance and Economic* (50),146-150

Alam, M. M., & Uddin, M. G. (2009). Zależność między stopami procentowymi a cenami akcji: Empiryczne dowody z krajów rozwiniętych i rozwijających się. *International Journal of Business and Management, 4*(3), 312-319.

AlSharkas, A. (2004). Dynamiczna relacja między czynnikami makroekonomicznymi a jordańską giełdą papierów wartościowych. *International Journal of Applied Econometrics and Quantitative Studies, 11(1)*, 97-114.

Aliyu, S. U. R. (2010). *Czy inflacja ma wpływ na zyski z akcji i zmienność? Dowody z Nigerii i Ghany.* MPRA Paper, 35581, Biblioteka Uniwersytecka w Monachium, Niemcy. s. 1-17. Zmieniona wersja z grudnia 2011 r. Dostępny na stronie http://www.csae.ox.ac.uk/conferences/2011-edia/papers/054-aliyu.pdf

Aurangzeb, M. (2012*)*. Czynniki wpływające na wyniki rynku giełdowego: Dowody z krajów południowoazjatyckich. *International Journal of Academic Research in Business and Social Science*. 2(9). ISSN: 2222-6990.

Aydemir, O., & Demirhan, E. (2009). Zależność między cenami akcji a kursami walutowymi. *International Research Journal of Finance and Economics, 1*(23), 1450-2887.

Bank of Ghana. (n.d.). Dane ze strony internetowej. Odebrane z www.bog.gov.gh i www.gse.com.gh.

Bank of Ghana. (2009, grudzień). *Rozwój w globalnej gospodarce: Rozwój rynku akcji, wysokie oprocentowanie i opłaty bankowe.* Raport roczny Bank of Ghana.223.10-18

Barshir, A. H., & Hassan, A. M. (1997). Wrażliwość na stopy procentowe i zwroty akcji w ZEA. *King Saud University Administration Science Journal, 9,* 44-68.

Beenstock, M., & Chan, K. F.(1988). Economic forces in London stock market, *Oxford Bulletin of Economics and Statistics 50,* 22-39.

Beirne, J., Caporale, G. M., & Spagnolo, N. (2009). Wpływ rynkowego ryzyka stopy procentowej i ryzyka kursowego na rentowność finansową akcji: A GARCH M. approach, *Quantitative and Qualitative Analysis in Social Science 3*(2), 44-68.

Bintou, C. M. (2011*). Hipoteza o efektywności rynku giełdowego: Studium przypadku giełdy papierów wartościowych w Ghanie.* Praca magisterska z zakresu finansów, Sikkim Manipal University, s. 23-24. Odzyskane z http://www.scribd.com/doc/53631358/Efficiency-Hypothesis-of-the-Stock-Exchange-Project-Presented-by-MR-CAMARA-MOHAMED-BINTOU#scribd

Bilson, C. M., Brailsford, T. J., & Hooper, V. J. (2001). Wybór zmiennych makroekonomicznych jako czynników objaśniających pojawiające się zyski giełdowe. *Pacific-Basin Finance Journal,* *9*(4*),* 401-426.

Blanchard, O. J. (1981). Produkcja, rynek akcji i stopy procentowe. *The American Economic Review, 71*(1), 132-143.

Boamah, O. (2015, 18 lutego). Oświadczenie o przekształceniu budżetu: *Myjoyonline Business News.* Odebrane z http://www.myjoyonline.com.

Bulmash, S. B., & Abugri, B. A.(2008). Empiryczna zależność między zmiennością makroekonomiczną a rentownością akcji: Dowody z rynków Ameryki Łacińskiej. *International Review of Financial Analysis,17*, 396-410.

Boardman, E., & Vining, A. R. (1989). Własność i wydajność w środowiskach konkurencyjnych. *Journal of Law and Economics*, *32*(1),1-33. School of Business, University of Chicago i University of Chicago Law School. Chicago, IL: University of Chicago Press

Burhop, C., Chambers, D., Cheffins, B. (2011). *Czy regulacja jest niezbędna dla rozwoju rynku giełdowego? W Londynie i Berlinie, 1900-1913.* Przedruki Max Planck Institute for Research on Collective Goods Bonn 2011/15. Bonn, Niemcy. Uzyskane z www.coll.mpg.de/pdf_dat/2011_15online.pdf.

Burns, R. B.(2000). *Wprowadzenie do metod badawczych* (4. edycja). Londyn, Anglia: Sage. ISBN-13 :978-0733909122; ISBN-10: 0733909124

Chen, N. F., Roll, R., & Ross, S. (1986). Siły gospodarcze i rynek akcji. *Journal of Business*, *59*(3), 383-403. Odzyskane z http://rady.ucsd.edu/faculty/directory/valkanov/pub/classes/mfe/docs/ChenRollRoss_JB_1986.pdf

Choi, J. J., Elyasiani, E., & Kopecky, K. J. (1992). Wrażliwość rynkowa akcji banków na ryzyko rynkowe, stopy procentowej i kursowe. *Journal of Banking and Finance,* 983-1004.

Choudhry, T. (2000). Inflacja i stopy zwrotu z zapasów: Dowody z krajów o wysokiej inflacji. *Journal of International Financial Markets, Institutions & Money 12,101-118.*

Chow, H. E., Lee, W. Y., & Solt, M. E. (1997). Ekspozycja na ryzyko walutowe zwrotów z aktywów. *The Journal of Business, 70*(1), 105-123.

Chutang, Z., & Kumara, E. S. (2009). Wpływ krótkoterminowych stóp procentowych na ceny akcji: Dowody od Sir Lanki. *Obrady 7. Międzynarodowej Konferencji Innowacji i Zarządzania, s.* 1089 - 1093. Dostępne pod adresem http://www.pucsp.br/icim/ingles/downloads/papers_2010/part_5/87_Impact%20of%20ShortTerm%20Interest%20Rates%20on%20Stock.pdf.

Cohen, L., Manion, L., & Mornson, K. (2000). *Metody badawcze w edukacji* (5. edycja). Londyn, Anglia: Routledge Falmer.

Coleman, A., & Agyire-Tettey, K. F. (2008). *Wpływ wskaźników makroekonomicznych na wyniki rynku giełdowego: Sprawa giełdy w Ghanie.* ISSN: 1526-5943. Odzyskane z http://www.emeraldinsight.com/doi/abs/10.1108/15265940810895025.

Dagadu, S. (2010). *Wpływ zmiennej makroekonomicznej na wyniki rynku giełdowego: Studium przypadku Ghany.* Odzyskane ze strony http://www.researchgate.net/publication/23550599_infracstrature_and_economy_development_in_Sub-Sahara_Africa.

Devereux, M. B., Lane, P. R., & Xu, J. (2006). Kursy walutowe i polityka pieniężna we wschodzących gospodarkach rynkowych. *The Economic Journal,116* (511), 478-506. DOI: 10.1111/j.1468-0297.2006.01089.x

Egu, F. K. (2010, 26 marca). *Wzrost i wyzwania rynku finansowego w Ghanie.* West Africa Magazine, *8*(2)8-9.

Engsted, T., & Tanggaard, C. (2002). Zależność pomiędzy zwrotem z aktywów a inflacją w krótkim i długim horyzoncie czasowym. *Journal of International Financial Markets, Institutions of Money 12,*101-118.

Fama, E. F.(1981). Zwrot akcji, rzeczywista aktywność, inflacja i pieniądze. *American Economic Review, 71*(4), 545-65.

Fang, W., & Miller, S. M. (2002). *Deprecjacja waluty i wyniki koreańskiej giełdy podczas azjatyckiego kryzysu finansowego.* Ekonomiczne dokumenty robocze. Papier 200230. http://digitalcommons.uconn.edu/econ_wpapers/200230

Fifield, S. G. M., Power, D. M., & Sinclair, C. D. (2002). Czynniki makroekonomiczne i zyski z akcji: Analiza wykorzystująca dane z rynków wschodzących. *International Journal of Finance and Economic, 33(*1), 51-62.

Fishers, I. (1930). Stopa procentowa (1. edycja). Nowy Jork, NY: Macmillan.

Flannery, M. J., & Protopapadakis, A. A. (2002). Czynniki makroekonomiczne mają wpływ na zagregowane zyski z akcji. *A Review of Financial Studies, 15*, 751-782.

French, K. R., Schwert, G. W., & Stambaugh, R. E. (1987). Oczekiwany zwrot akcji i zmienność. *Journal of Financial Economics, 19*, 3-29.

Gej, D. (2008). Wpływ zmiennych makroekonomicznych na stopy zwrotu z akcji dla wschodzących gospodarek: Brazylii, Rosji, Indii i Chin. *International Business and Economic Research Journal, 7*(3), 1-8.

Gazi, M. H., & Hisham, A. (2010). *Czy czynniki makroekonomiczne mogą wyjaśniać zyski z kapitału własnego w dłuższej perspektywie? Sprawa Jordana.* School of Economics and Finance, University of Western Sydney. Sydney, Australia.

Ghana Copyright Act 690. (2005). *Ochrona badań naukowych.*

GSE. (2013, grudzień). *Raport rynkowy na temat sekciarskiego rozkładu transakcji i podsumowanie indeksów*. Odzyskane: z www.gse.com.gh.

GIPC. (2007, grudzień). *Profil sektorowy branży usług finansowych w Ghanie*. Accra, Ghana: Centrum Promocji Inwestycji w Ghanie.

Guryay, E. Safakali, O. V., & Tuzel, B. (2007). Rozwój finansowy i wzrost gospodarczy: Dowody z Północnego Cypru. *International Research Journal of Finance and Economic, 8.* ISSN 1450-2887.

Habibullah, M. S., & Baharumshah, A. Z. (1996). Produkcja pieniężna i ceny akcji w Malezji: Zastosowanie testu współintegracji. *International Economic Journal,10*(2), 121-130.

Harlina, S. J., Intan, R. E., Nasruddin, F., & Emi, N. O. (2011).Wzrost gospodarczy i efektywność rynku akcji. *International Business Journal, 24*(6)24-25

Humpe, A., & Macmillan, P. (2007). *Czy zmienna makroekonomiczna może wyjaśniać długoterminowe ruchy na giełdzie? Porównanie USA i Japonii.* Papier roboczy CDMA nr 07/20.

Hussainey, K., & Ngoc, L. (2009). Wpływ wskaźników makroekonomicznych na ceny akcji w Wietnamie. *The Journal of Risk Finance, 10,* 321-332.

Hyde, S. J.(2006). *Reakcja branży na ryzyko rynkowe, ryzyko kursowe i ryzyko stopy procentowej.* Dokument roboczy Manchester Business School nr 491. Finanse zarządcze, s. 693-709. Social Science Research Network.

Ibrahim, H. M., & Aziz, H. (2003). Zmienne makroekonomiczne i malezyjski rynek akcji: Widok przez toczące się podpróbki. *Journal of Economic Studies, 3*(1), 6-7.

Kaul, G. (1987). Zwroty akcji i inflacja. *Journal of Financial Economics, 18*(1), 253-276.

Khrawish, H. A. , Siam, W. Z., & Jaradat, M. (2010). Zależności między stopą kapitalizacji giełdowej a stopą procentową: Dowody z Jordanii. *BEH-Business and Horizons, 2*(2), 60-66. Odzyskane z http://ageconsearch.umn.edu/bitstream/95964/2/07_V2_BEH_JORDAN_Husni_Ali_Khrawish_et_al_d.pdf

Kuwornu, J. K. M. (2012). Wpływ zmiennej makroekonomicznej na zyski na giełdzie w Ghanie: Analiza współintegracji. *Agris on-line Papers in Economics and Informatics, 4*(2), 1-12. Odebrane z http://online.agris.cz/files/2012/agris_on-line_2012_2_kuwornu.pdf.

Kurihara, Y. (2006).Zależność między kursem walutowym a cenami akcji w czasie polityki luzowania ilościowego w Japonii. *International Journal of Business, 11*(4), 375-86.

Lobo, B. J.(2000). Asymetryczny wpływ zmian stóp procentowych na ceny akcji. *The Financial Review, 35*, 125-144.

Liu, M. H., & Shresha, K. M.(2008). Analiza długoterminowej zależności między zmienną makroekonomiczną a chińskim rynkiem akcji: Heteroseksualna współintegracja. *Journal of Management Finance, 34*(11), 744-755.

Maysami, R. C., Howe, L. C., & Hamzah, M. A. (2004). Zależności między zmiennymi makroekonomicznymi a indeksami giełdowymi: Co-integrated evidence from stock exchange of Singapore All-S sector indeksy, *Journal Pengurusan* (24), 47-77.

Merikas, A. G., & Merika, A. A.(2006). Reakcja cen akcji na rzeczywiste zmienne ekonomiczne: Sprawa Niemiec, *Managerial Finance, 32*, 446-4450.

Mohammad, B. A.(1997). Wpływ zmiennych mikro- i makroekonomicznych na pojawiające się zyski z rynku giełdowego: Sprawa na giełdzie w Dhace, *Interdyscyplinarny Dziennik Biznesu 5,* 08-16.

Mohammed, A. M. T., Wisam, R., Hassama, A., & Bin Amin, F.M. (2007). *Wpływ zmiennych makroekonomicznych na ceny akcji w Malezji: Zastosowanie modelu korekcji błędów wektorowych.* International Islamic University Malaysia, Jalan Gombak-53100, Kuala Lumpur, Malaysia. Odzyskane z https//www.researchgate.net/publication/267689176_effect.

Mukherjee, T. K., & Naka, A. (1995). Dynamiczne relacje między zmiennymi makroekonomicznymi a japońskim rynkiem akcji: Zastosowanie modelu korekcji błędów wektorowych. *The Journal of Financial Research, 18*(2), 223-237.

Mundell, R .(1963). Inflacja i realna stopa procentowa. *Journal of Political Economy, 71*(3), 280-283.

Muhammad, A., Sallahuddin, H., & Khairuzzaman, (2013).Korupcja, przekazy zarobków, BIZ i wzrost gospodarczy w pięciu krajach Azji Południowej i Południowo-Wschodniej: *A panel data approach Middle-East Journal of Scientific Research,15*(2)184-190.

Nishat, M., & Shaheen, R. (2004). Czynniki makroekonomiczne i pakistański rynek akcji", *Pakistan Development and Economic Review, wydanie 7*, 17-19.

Owusu-Nantwi, V. (2011). *Wschodzące rynki akcji w krajach rozwijających się, takich jak Ghana.* Pobrane z witryny www.researchgate, net/profile/publication

Ologunde, A., Elumilade, D., & Saolu, T. (2006). Kapitalizacja giełdowa i stopa procentowa w Nigerii: Analiza szeregów czasowych. *International Research Journal of Finance and Economic, 4,* 154-166.

Patterson, K. (2000). *Wprowadzenie do ekonometrii stosowanej: Podejście szeregów czasowych do paperback* (2nd ed). Po angielsku. Basingstoke, Wielka Brytania: Palgrave Macmillan. MISBN-13: 9780333802465

Poon, W., & Tong, Kok. (2009). *Wzrost produkcji, inflacja i stopa procentowa w odniesieniu do zwrotu z zapasów i* zmienności: Siła predykcyjna. Social Science Research Network.

Pebbles, G., & Wilson, P. (1996). *Gospodarka Singapuru*. Cheltenham, Wielka Brytania.

Rasheed, A., & Muhammad, N. (2002). *Ceny akcji i kurs walutowy: Są spokrewnieni? Dowody z krajów południowoazjatyckich. Źródło: www.researchgate,net/publication/24046328.*

Reuss, K. (2003*). Pierwszy rating kredytowy państwa przyznany w ramach nowej inicjatywy UNDP dla Afryki.*

Sovereigns [online] New York, NY: Standard & Poor's. Odzyskane z http://www.oecd.org/site/devsa2004/30400859.pdf.

Solnik, B. (1987). Wykorzystanie cen finansowych do testowania modeli kursów walutowych: Nota, *Journal of Finance 42*,141-149.

Soenen L. A., & Henniger, E. S.(1988). Analiza kursów walutowych i cen akcji: Doświadczenia amerykańskie w latach 1980-1986. *Akron Business and Economic Review, 19,* 71-76.

Stavarek, D. (2004). Efektywność bankowości w krajach Grupy Wyszehradzkiej przed przystąpieniem do Unii Europejskiej. *Journal of European Review of Economics and Finance, 3,*(3), 129-167.

Trivoli, G.W. (1991). Opóźnione w czasie interakcje między cenami akcji a wybranymi zmiennymi ekonomicznymi. *Journal of Portfolio Management 17*(4), 61-67.

Vazz, J. J., Ariff, M., & Brooks, R. D. (2008). Wpływ zmian stóp procentowych na rentowność akcji banku. *Zarządzanie inwestycjami i innowacjami finansowymi, 5*(4), 221-239.

Vardar, G., Aksoy, G., & Can, E. (2008). Wpływ oprocentowania i kursu walutowego na zmienność i zwrot sektorowych indeksów cen na giełdzie w Stambule. *European Journal of Economics, Finance and Administrative Sciences (11),* 126-135.

Wong, W.K., Khan, H., & Du, J. (2005). *Stopa procentowa pieniądza i ceny akcji: Nowe dowody z Singapuru i Stanów Zjednoczonych.* U21 globalny dokument roboczy, 7, str.1.28.

Bank Światowy. (nd). Baza danych ze strony internetowej. Odzyskane z www.worldbank.org

Bank Światowy. (2009, wrzesień). Globalny rynek towarowy: Przegląd i ceny - towarzysz globalnego rozwoju, dokument roboczy nr 93892.

Wickremasinghe, G. (2011). Rynek akcji Sri Lanki i sytuacja makroekonomiczna: Dochodzenie empiryczne. *Studia z zakresu ekonomii i finansów 28,* 179-195.

Yartey, C. A., & Adjasi, C. K. (2007). *Rozwój rynku akcji w Afryce Subsaharyjskiej: Kwestie krytyczne i wyzwania.* Dokument roboczy MFW 07/209.Waszyngton, DC: Międzynarodowy Fundusz Walutowy.

Zafar, N., Urooj, S. F., & Durrani, T. K. (2008). Zmienność stóp procentowych oraz zwroty i zmienność akcji. *European Journal of Economic, Finance and Administrative Science, 14,* 135-140.

Zenith Bank (Ghana) Ltd. (2015a). *Z-Business news, Biuletyn Miesięczny, styczeń* (100),2-3

Zenith Bank (Ghana) Ltd. (2015b,). Z-Business News, Monthly Bulletin, *czerwiec* (101), 6-7

Zhou, C. (1996). *Wahania na rynku akcji i struktura terminowa. Rada Gubernatorów Systemu Rezerwy Federalnej, seria dyskusji o finansach i gospodarce*: Odebrane z www.federalreserve.gov/ecornresdata/feds/1996/index.

Dodatki

Dodatek A

Wyniki analizy regresji

Tabela A1

Jednostkowe testy korzeniowe

Hipoteza zerowa: LNI ma korzeń jednostkowy
Egzogeniczne: Brak
Długość opóźnienia: 5 (Automatyczne - na podstawie SIC, maxlag=9)

		t-Statystyczny	Prob.*
Rozszerzona statystyka testu Dickey'a Fullera		0.057113	0.6933
Testować wartości krytyczne:	poziom 1%	-2.644302	
	poziom 5%	-1.952473	
	poziom 10%	-1.610211	

Hipoteza zerowa: LNS ma pierwiastek jednostkowy
Egzogeniczne: Brak
Długość opóźnienia: 1 (Automatyczne - na podstawie SIC, maxlag=9)

		t-Statystyczny	Prob.*
Rozszerzona statystyka testu Dickey'a Fullera		1.214712	0.9394
Testować wartości krytyczne:	poziom 1%	-2.634731	
	poziom 5%	-1.951000	
	poziom 10%	-1.610907	

Tabela A2

Regresja najmniejszych kwadratów (Least Squares)

Zmienna zależna: LNS
Metoda: Least Squares
Data: 05/02/15 Godzina: 14:46
Próbka: 160
Dołączone obserwacje: 60

Zmienna	Współczyn nik	Std. Error	t-Statystyczn y	Prob.
LNI	-1.475644	0.751342	-1.964011	0.0577
C	8.683520	0.787068	11.03274	0.0000

R-squared	0.101891	Mean dependent var	7.140471
Skorygowane R-kwartony	0.075476	Wersja zależna od S.D.	0.293469
S.E. regresji	0.282177	Kryterium informacyjne Akaike	0.361387
Suma kwadratów rezydencji	2.707207	Kryterium Schwarza	0.449360
Prawdopodobieństwo dziennika	-4.504963	Kryterium Hannan-Quinn.	0.392092
F-statystyka	3.857339	Stat Durbin-Watson	0.298697
Prob(F-statystyka)	0.057747		

Tabela A3

Test autokorelacji

Breusch-Godfrey Serial Correlation LM Test:

F-statystyka	41.36077	Prob. F(6,28)	0.0000
Obs*R-squared	32.35000	Prob. Chi-Square(6)	0.0000

Równanie testowe:
Zmienna zależna: REZYDENCJA
Metoda: Least Squares
Data: 05/02/15 Godzina: 14:50
Próbka: 160
Dołączone obserwacje:60
Przedpróba brakującej wartości pozostałości z opóźnieniem ustawiona na zero.

Zmienna	Współczynnik	Std. Error	t-Statystyczny	Prob.
LNI	1.794463	0.330729	5.425784	0.0000
C	-1.842002	0.343338	-5.364976	0.0000
RESID(-1)	0.730477	0.136083	5.367862	0.0000
RESID(-2)	0.379921	0.149698	2.537911	0.0170
RESID(-3)	-0.070814	0.164167	-0.431351	0.6695
RESID(-4)	-0.220198	0.152394	-1.444923	0.1596
RESID(-5)	0.202434	0.152807	1.324767	0.1960
RESID(-6)	0.235973	0.145515	1.621641	0.1161

R-squared	0.898611	Mean dependent var	6.26E-16
Skorygowane R-kwartony	0.873264	Wersja zależna od S.D.	0.278116
S.E. regresji	0.099009	Kryterium informacyjne Akaike	-1.594072
Suma kwadratów rezydencji	0.274481	Kryterium Schwarza	-1.242179
Prawdopodobieństwo dziennika	36.69330	Kryterium Hannan-Quinn.	-1.471252
F-statystyka	35.45209	Stat Durbin-Watson	0.831920
Prob(F-statystyka)	0.000000		

Tabela A 4

Badanie przyczynowości

Pairwise Granger Causality Tests
Data: 05/02/15 Godzina: 14:51
Próbka: 160
Lags: 2

Hipoteza zerowa:	Obs	F-Statistic	Prob.
LNI nie Granger Cause LNS	34	2.74740	0.0808
LNS nie Granger Cause LNI		2.31345	0.1169

Dodatek B

Badania naukowe - Oświadczenie o poufności

Jest to część rozprawy doktorskiej, która częściowo spełnia wymóg uzyskania stopnia doktora finansów (PhD). Badacz stara się poznać wpływ stopy procentowej na ceny akcji na giełdzie w Ghanie. Jest to czysto akademickie ćwiczenie, a wszelkie przekazane informacje będą traktowane z zachowaniem najściślejszej poufności.

FSC
www.fsc.org
MIX
Papier | Fördert
gute Waldnutzung
FSC® C083411

Kolibri 360 GmbH
Ferdinand-Jühlke-Straße 7
99095 Erfurt, Deutschland
produktsicherheit@kolibri360.de

Druck:
CPI Druckdienstleistungen GmbH
im Auftrag der
Kolibri 360 GmbH
Ferdinand-Jühlke-Str. 7
99095 Erfurt